Wilhelm Wagenbauer

CHRISTLICHER ATHEISMUS

UNTERGANG DER RELIGION

UND WAS KOMMT DANACH?

Herstellung und Verlag:
BoD - Books on Demand, Norderstedt
ISBN 978-3-7357-8280-9

Inhalt

Vorwort

Es ist keine wissenschaftliche, gut recherchierte Abhandlung. Eher sind es Memoiren eines sehr alten Mannes, der sich sein Leben lang mit Religion herumgeschlagen hat, nun bei einem christlichen Atheismus angekommen ist und bei der Ethik Jesu bleiben will. Er unterscheidet sich von anderen Atheisten, die von außen kommen.

Er kommt von innen. Er möchte das Beste für die Kirche retten, die vom Glaubensverlust immer schwerer getroffen wird. Er ist selbst betroffen. Den Glauben leben, heißt es. Gemeint ist aber die christliche Ethik, wer denkt dabei noch an das Glaubensbekenntnis? Das ist sehr löchrig geworden, wenn überhaupt noch gegenwärtig. Das eigentlich Wichtige für den Einzelnen wie für die Gemeinschaft ist die Ethik. Dass sie erhalten bleibt, auch bei Glaubensverlust, darum geht es. Zuallererst geht es um Wahrheit. Darauf kann man nicht verzichten. Leider bleibt dabei der religiöse Glaube auf der Strecke. Der Gottsucher muss zuerst Wahrheitssucher sein. Die Theologen, die sich nur mit der Bibel beschäftigen, können zur Gottesfrage nicht sehr viel beitragen. Denn diese liegt noch vor der Bibel, die nur eine der möglichen Meinungen darstellt.

Wie sieht die Zukunft aus? Wie sollte sie aussehen? Entwürfe, Vorstellungen. Die Wiedervereinigung im Glauben geht besser bei abnehmendem Glauben und mündet in die Wiedervereinigung in der Ethik.

Prolog

Wenn es Gott, Jehova, Allah entgegen meinen Erwartungen doch gibt, dann werde ich ihn bald kennen lernen, denn ich bin schon über achtzig Jahre alt. Der Urknaller, der gerne Sonnen explodieren, Galaxien ineinander krachen lässt, der das Universum mit alles vernichtenden Schwarzen Löchern übersät, der Schöpfer des Alls, wurde von den Erdenwinzlingen Adam und Eva so geärgert, dass deswegen noch ein paar Millionen Jahre danach, Jesus grausam umgebracht werden musste, und auch ich deswegen nun bald sterben muss. Wenn ich vor ihm stehe, werde ich einiges sagen. Ich werde mich freundlich bedanken für ein schönes, glückliches und auch glückhaftes Leben. „Aber", werde ich sagen, „da ich beeinflusst bin von unserem beiderseitigen Freund Jesus, muss ich fragen nach den unzähligen Mitmenschen aller Zeiten und Kontinente, die in Not und Verzweiflung waren, in Krankheit, überfallen von deinen Stechfliegen, deinen Bakterien, deinen Viren, in Seuchen versiecht, in Armut erniedrigt, verhungert in Hungersnöten, tyrannisiert von Tyrannen wie Hitler und Stalin, vergast in Konzentrationslagern, millionenfach zerfetzt in Kriegen, vertrieben, geflüchtet, obdachlos, von Vulkanen verbrannt, in Wasserfluten ertrunken, bei Erdbeben lebendig begraben.....

Das himmelschreiende Elend der Welt ist nie zu dir gedrungen. Die gequälten Menschen haben zu dir gebetet und um Hilfe geschrien. Du hast es überhört. Du hast alles Schlimme sogar vorausgesehen, aber du hast es nicht verhindert, obwohl es dir ein Leichtes gewesen wäre. Deine Unterlassungssünden sind gewaltig. Guter Gott? Liebender Vater? Nicht für alle! Das Dauerlob Gottes ist unberechtigt. Statt Dank für die Errettung aus Katastrophen entgegen zu nehmen, hättest du die Katastrophen verhindern können und damit auch alle anderen Menschen verschont. Wenn man so viel Macht hat wie du, dann kann man nicht nur mit Galaxien und Schwarzen Löchern Golf spielen. Als Schöpfer aller Dinge, als Vater aller Menschen hat man Verpflichtungen. Denen bist du offensichtlich nicht in ausreichendem Maße nachgekommen. Du hast uns Menschen durch die Propheten, durch Jesus, durch Mohammed eine sehr gute Ethik predigen lassen. Aber du selbst hältst dich nicht daran. Bei deinem widersprüchlichen Verhalten kannst du nicht gleichzeitig verlangen, dass alle Menschen an dein Dasein glauben. Und ich würde gerne wissen, warum du es nötig hast, dich so zu verstecken vor den Menschen überall auf der Erde, dass viele dich trotz eifrigen Suchens gar nicht finden können. Andere, die glauben, dich gefunden zu haben, gründen die verschiedensten unglaubwürdigen Religionen, bekämpfen sich gegenseitig oder bringen sogar mit Heiligem Krieg Menschen ums Leben zu deiner Ehre...

Du bist schuld! „...der alles so herrlich regiert". Bist du nicht der Herr und Lenker der Geschichte? Das hättest du sein können und sollen. Aber sogar die Erfinder des Glaubens an dich, dein eigenes treues Bundesvolk hast du treulos im Stich gelassen. Der Papst hat in Auschwitz ausgerufen: "Gott, wo warst du?!" Welch eine Blamage für dich und auch für deinen Stellvertreter auf Erden! Dreißig Attentatsversuche auf Hitler hast du knapp scheitern lassen. Du hast die zigmillionenfachen Massenmörder des zwanzigsten Jahrhunderts, Hitler, Stalin, Mao, Pol Pot u.a., ungestört gewähren lassen und dich damit in ihre Reihe gestellt. Du bist allmächtig, allwissend, allgegenwärtig, deine Mitschuld ist riesengroß. Diese menschlichen Katastrophen waren so ungeheuerlich, dass ein lebendiger Gott, erst recht der „liebende Vater" Jesu Christi, daran unmöglich untätig vorbei gehen konnte. Samariter?! Jetzt wird endgültig klar: Das Schicksal der Menschen ist dir gleichgültig. Für die Menschen bist du ohne Bedeutung. Die monotheistischen Religionen haben sich in dir geirrt. Die Menschheit wird sich von dir verabschieden. Deine große Zeit bei den Menschen geht nun langsam aber sicher zu Ende. Einen solchen Gott kann es nicht geben. Auch Jesus hat sich geirrt. Aber wir behalten ihn.

Warum es Gott nicht geben kann

Dieser Prolog ist schon einige Jahre alt. Und nun wieder diese großen Katastrophen, Erdbeben und Tsunamis. Und wieder drängen sich einem Gedanken auf. Jeder religiös interessierte Mensch kommt nicht an der Frage vorbei: Wo war Gott? Es ist die alte Theodizee-Frage: Wie kann Gott das zulassen? Ohne eine gültige Antwort auf diese Frage ist kein sicherer Glaube möglich. Und damit kommen auch andere religiöse Probleme mit hoch. Es geht um Wahrheit und Wirklichkeit und wie weit uns Ideologien davon abgebracht haben, auch Ideologien, die bereits eine Ehrfurcht gebietende Tradition hinter sich aufzeigen können. Der Drang nach Wahrheit und Wirklichkeit ist durch Ideologie und Religion nicht zu stoppen. Es ist die Zeit gekommen, nach langem Nachdenken Konsequenzen zu ziehen und wenn nötig, sich zu distanzieren.

Wo war Gott bei den großen Katastrophen? Beispiel die Pest. Oder der Dreißigjährige Krieg. 30 Jahre das Land verwüstet, Menschen terrorisiert, ermordet. Am Ende lebte nur noch die Hälfte der Bewohner. Dabei ging es doch eigentlich um die Sache Gottes, um den richtigen Glauben an ihn. Und er kümmert sich um nichts. Trotz aller Hilfeschreie und Gebete. Was ist das für ein Gott und Vater?

Es kann nur den Gott geben, der ein Gott ist für die Menschen, die er erschaffen hat, auf diese Erde gestellt hat, mit Geist begabt hat, damit sie mit ihm kommunizieren können. Auf einen Gott, der sich nur um das Außerirdische kümmert, können wir verzichten. Was helfen dann die Gebete? Sie richten sich an einen Gott, der alles kann und unsere Situation genau kennt, aber nichts tut. Daher sind alle Gebete in Wirklichkeit nur Vorwürfe an Gott für sein Nichtstun. Sie können nur unserer eigenen Bewusstseinsbildung dienen.

Das Böse ist der Preis der Freiheit, die Gott dem Menschen unbedingt lassen will? Nehmen wir Hitler. Kann Gott 50 Millionen Menschen ermorden lassen, weil der Herr Hitler seine Freiheit haben soll? Nein. Gott muss handeln. Aber es sieht eher so aus, als ob Gott mit Hitler im Bunde war, nachdem 30 Attentatsversuche knapp gescheitert sind.

Die Freiheit des Einen wird begrenzt durch die Freiheit des Anderen. Das ist eine ethische Forderung, die sich immer wieder konfrontiert sieht mit der lebendigen Wirklichkeit, die seit Urzeiten von der brutalen Evolution bestimmt wird. Das Individuum hat die Bestrebung: größer, stärker, mächtiger auch auf Kosten anderer. Vom gerechten Gott wird die ausgleichende Gerechtigkeit erwartet. Da er sie auf Erden offensichtlich nicht bewirkt, versprechen die Theologen sie für das unkontrollierbare Jenseits. Und damit haben sie das dringend erforderliche Eingreifen Gottes bewiesen. Auf diese Weise kann man auch dieses gute Belohnungssystem etablieren: Wenn ein Terror-Selbstmörder viele Ungläubige ermordet, bekommt er im Paradies viele Jungfrauen.

Das unerklärliche Naturszenarium, das die Nomaden tagtäglich hautnah sahen und erlebten, war der Hintergrund für ihre Religion, die auch auf uns gekommen ist. Im Anfang schuf Gott Himmel und Erde. Der wunderbare gestirnte Himmel über uns und das Wetter, das aus den Wolken kommt. Über den Wolken muss ein guter Vater wohnen, wenn er auch manchmal zu Recht zürnt.

Die Wissenschaftler haben nie Ruhe gelassen, dieses mythische

Dunkel zu lichten, und Wahrheit und Wirklichkeit an den Tag zu bringen, ein weiter Weg, der noch nicht zu Ende ist. Viele Persönlichkeiten sind ihn gegangen, z.B. Kopernikus und Galilei. Die Wissenschaft hat ihre Arbeitsmittel immer mehr verbessert: Superteleskope, Superrechner, Mathematik, Chemie, Riesenexperimente. Übereinstimmend sagen die Wissenschaftler, dass das Universum durch eine gigantische Explosion, den Urknall, vor 13,7 Milliarden Jahren entstanden ist. Von da an ist die Materie in kleinsten Teilchen chaotisch nach allen Seiten in den Weltraum geschossen. Es bildeten sich Nebel mit Turbulenzen und Verdichtungen, aus denen Weltenkörper entstanden. Wurden sie sehr groß, dann sorgte die Schwerkraft für genügend Hitze, um Atomexplosionen zu zünden, ein leuchtender Stern war geboren. Das klingt alles sehr ungöttlich. Die Astronomen können uns sozusagen Gott bei der Weltschöpfung fotografisch vorführen. Sie kennen viele chaotische Himmelsgegenden, wo Sternentstehung laufend stattfindet. An ihrem Lebensende explodieren sterbende Sterne. Sie schicken einen unförmigen Materienebel ins Weltall und sorgen so für Neuentstehungen. Dieses Stirb und Werde ist überall. Dabei entwickelt sich das Weltall. Auch unsere Sonne ist so entstanden, etwa vor fünf Milliarden Jahren, und etwa ebenso lange wird sie noch leben bis ihr Brennstoff verbrannt ist. Die liebe Mutter Sonne ist eine Ansammlung von Atombombenexplosionen. Sie wird am Ende selber explodieren oder sich gewaltig ausdehnen zu einem Roten Riesen, der auch die Erde verschlingt.

Es ist eigentlich schwer zu verdauen, was uns die Wissenschaftler da serviert haben. Wir waren doch gewöhnt vom Kosmos zu sprechen, das heißt von schön geordneten Gestirnen, von Sphärenharmonie. Es herrscht aber in Wirklichkeit die Tendenz zu Kollisionen, Explosionen, zum gegenseitigen Auffressen. Es wird berichtet von der Entdeckung einer uralten Galaxie mit einem Schwarzen Loch, das schon die Masse von einer Milliarden Sonnen an sich gerissen hat. Statt von Kosmos müsste man von Chaos sprechen. Wenn das ein Gott geschaffen haben sollte, wäre er wohl ein Chaot.

Die Wissenschaft ist dem Schöpfungsakt auf der Spur. Die Entwicklungszustände der Materie vor dem Aufleuchten der Sterne sind experimentell erforscht. Man ist bis Minuten und Sekunden an den Urknall heran gekommen. In Genf hat die europäische Astrophysik ein Milliarden – Forschungsprojekt gebaut, einen unterirdischen 27 Kilometer langen Ring-Tunnel. Hier soll die Materie der ersten Sekunde nach dem Urknall untersucht werden. Ob der Urknall selbst danach erklärt werden kann, ist noch offen. Falls es eine Lösung gibt, ist sie mit Sicherheit nicht plötzlich theologisch. Sie kann nur in der Richtung der bisherigen Forschungsergebnisse und Berechnungen liegen. Man kann heute nicht mehr einsehen, wieso in solche physikalischen Vorgänge unbedingt ein Gott hineingebracht werden muss. Aber das ist der Anfang unserer Religion. Die Nomaden haben das so gesehen. Im Anfang schuf Gott Himmel und Erde. Der wichtigste Satz unserer Religionsgründer ist sehr zu bezweifeln.

Gottes Wirken auf Erden ist auch in den vergangenen zweitausend Jahren immer das große Thema gewesen. Die Geistlichkeit muss ja auf jeden Fall darauf beharren, dass Gott gut ist. Bei gutem Verlauf, Schönheit der Natur usw. ist Dankbarkeit geboten. Das Problem ist aber der schlechte Verlauf. Beim einzelnen Menschen ist es noch einfach. Er hat gesündigt und verdient Strafe. Besonders die Sexualität konnte man dafür gut missbrauchen, nachdem man sie vorher verteufelt hatte. Die Sündenpredigt von der Kanzel machte großen Eindruck, trieb die Menschen in die Verzweiflung, in die Beichtstühle, in die Kirche zur Erlösung durch die Sakramente. Die Autorität der Geistlichkeit auf dem Höhepunkt.

Die großen Katastrophen auf der Erde machen aber Schwierigkeiten, wenn man den Schöpfer entschuldigen will. Z.B. Lissabon 1755. Die Stadt hatte damals 275 000 Einwohner. 60 000 Tote verursachte ein Erdbeben. Die Stadt zerstört. In ganz Europa wurde heftig die Frage diskutiert „Wie kann Gott das zulassen?", die Theodizee-Frage. Viele Intellektuelle zogen damals die Konsequenz: Er kann es nicht zulassen, diesen Gott kann es nicht geben. Die Theologen haben ja diesen Gott zutreffend beschrieben, nicht etwa so monströs wie Prof. Dawkin (Atheist) wortgemäß nach dem Alten Testament. Die Theologen haben ihn so gut geschrieben und beschrieben, wie er notwendig sein muss als Schöpfer von Himmel und Erde, besonders der Menschen. Jesus hat ihn gar den liebenden Vater der Menschen genannt. Es ist undenkbar, dass der Schöpfergott noch die Erde mit tödlichen Gefahren ausstattet, die Menschen hineinstellt und sich dann um nichts mehr kümmert.

Wie kann Gott Haiti zulassen? Niemals kann Gott Haiti zulassen oder gar bewirken. Die Theodizeefrage ist ein Beweis für die Nichtexistenz Gottes. Die Frage ist nicht zu lösen, weil sie falsch gestellt ist. Sie setzt die Existenz Gottes voraus. Und das ist falsch. Die Theodizeefrage hat sich erledigt. Wir müssen Gott freisprechen. Er existiert gar nicht.

„Dein Wille geschehe wie im Himmel so auf Erden." Könnte Jesus das sagen angesichts von Haiti? Nein, er könnte es nicht. Dieser Gott wäre ein Monstrum. Da stimmt was nicht in den Ansichten Jesu. Er hat sich geirrt. Irren ist menschlich.

Wenn Tsunamis und Haiti der Wille Gottes sind (und wessen sonst), ist er ein Feind der Menschen. Und aus ist es mit Liebe, Lob und Verehrung. Die Naturkatastrophen sind der Tod der Religion. Es spricht alles dafür, dass wir den alten Gott- und Götterglauben langsam begraben müssen. Übrig bleibt die Ethik.

Eine der größten Ängste der Menschen ist die Angst vor Naturkatastrophen. Naturschönheiten und Naturkatastrophen liegen aber auf dem selben Strang der selben Evolution, die von dem selben Gott geschaffen sein müsste. Wenn man das Eine lobt, muss man das Andere scharf verurteilen. Das aber tun die Theologen nicht. Das ist unehrlich. Man sieht, dass ihre Ideologie nicht stimmen kann. Dieser Gott hat mit den Menschen nichts zu tun. Es gibt ihn nicht.

Dieser Gott hat mit gewaltigen Taten Himmel und Erde erschaffen und soll nun plötzlich tatenlos sein, die Erde und ihre Menschen im Stich lassen und nur noch durch sein außerirdisches Chaos wabern? Die Theologen haben immer versucht, diesen Gott als lebendig und tätig bei den Menschen darzustellen, ihn zu rechtfertigen. Im Alten Testament waren Erfolge des Stammes Israel auf Gottes Führung und seine Bevorzugung zurückzuführen. David sammelte 20 Tausend Vorhäute der Feinde und dankte Gott. Misserfolge im Krieg oder Gefangenschaft waren immer Strafen Gottes für Sünden oder Abfall vom rechten Glauben, denn da waren ja auch noch andere Götter. Gott zürnte. Die Theologen preisen die großen Taten Gottes. Dazu gibt es unzählige Einfälle und unzählige Bücher. Für alles Positive gibt es unaufhörliches Lob. Was ist aber nun mit dem Negativen? Wie kann Gott das zulassen? Diese Frage ist sogar falsch gestellt. Angesichts eines so aktiv beschriebenen Gottes, muss sie lauten: Wie kannst du so etwas tun? Und da versagen die Gottesgelehrten. Man kann eine Witwe trösten. Dein Mann ist jetzt im Himmel. Was Gott tut, das ist wohlgetan. Wenn man das aber 50 Millionen Krieger-Witwen gleichzeitig sagen muss, fällt der Schwindel auf. Die Naturkatastrophen kartätschen rücksichtslos in die geliebte Menschheit. Der Tsunami 2004. Da liegen 230 Tausend Tote zu Füßen Gottes. Und er reagiert wie ein Götzendenkmal nämlich gar nicht. Er verhinderte auch nichts. Man kann doch nicht ein Denkmal an den Anfang setzen und dann behaupten, man habe den Glauben vernünftig begründet. Wie kann denn da Urvertrauen entstehen? Man vermisst, dass in 2004 die Theodizeefrage wieder intensiv behandelt worden ist. Das ist keine theologische Frage mehr. Man hat sich daran gewöhnt. Es ist halt so. Ohne die Lösung der Theodizeefrage kann es aber keinen Glauben und kein Urvertrauen geben. Die Theologen können nicht 230 Tausend Leichen einfach unter den Teppich kehren. Andererseits sind die Theologen zu bedauern. Sie stehen auf verlorenem Posten. Sie haben den unmöglichen Auftrag, der Wirklichkeit ein göttliches Schema überzustülpen, was nur beim Positiven gelingt, nicht aber beim Negativen. Der Grund dafür ist die Konstruktion eines einzigen personalen Gottes.

Schon die alten Ägypter sind damit gescheitert. Es kann nicht einen charakterlich so zwiespältigen Gott geben, der Wohltaten spendet, aber auch das Üble tut, das man zu spüren bekommt. Die Vielgötterei hatte das Problem besser gelöst Sie hatte auch für alles Negative besondere Götter. Alle Völker haben zu Beginn ihrer Religionen die Vielgötterei gehabt, zum Teil bis heute. Man fühlt sich Mächten von oben ausgeliefert, die man nicht im Griff hat. Wer schickt uns Blitz und Donner, Regen und Sturm? Wer ist zuständig für Feuer, Wasser, Erde und Luft? Leben und Tod? Es muss eine Gesellschaft von Göttern sein, die sich gegenseitig zoffen. Man muss sich mit allen gut stellen, die

Einen verehren, die Anderen besänftigen. Man baut ihnen aufwendige, prachtvolle Tempel. Die Götterwelt wurde immer fantastischer, was aber dem festen Glauben der doch so klugen Griechen und Römer nicht geschadet hat. Man sieht, wie zähe der religiöse Glaube gegen die Vernunft Stand halten kann. Natürlich liegt das zum großen Teil an den professionellen Gottesdienern, die trotz besserer Einsicht im Sinne ihres Berufes weiter predigen. Es geht auch um Einfluss und Einkünfte.

Ebenso wie die griechisch-römische Götterwelt wird auch die fantastisch-asiatische Götterwelt untergehen. Bildung und Vernunft sind unaufhaltsam. Aber kann es einen lebendigen Gott geben, dem die asiatischen Menschen Jahrtausende lang gleichgültig sind? Wenn ein angeblich Menschen liebender Gott sich nicht für alle Menschen klar und deutlich bemerkbar macht, dann gibt es ihn nicht.

Aus mehreren Göttern wählte die Priesterschaft der Israeliten Jahwe als Stammesgott aus, der allein das Volk führen sollte. Er war besser als die Götter der anderen Volksstämme. Jahwe führte das Volk Israel zu Erfolgen. Bei Misserfolgen war das Volk schuld als Strafe Gottes wegen mangelnder Frömmigkeit. Als einmal einige Israeliten auch wieder mit heidnischen Göttern liebäugelten, regierte Jahwe empfindlich bis brutal. Er tat sich mit den heidnischen Babyloniern zusammen, die Jerusalem und sogar den heiligen Tempel Jahwes zerstörten und das Volk Gottes in eine siebzigjährige Gefangenschaft verschleppten.

Noch schlimmer erging es dem Bundesvolk als Jahwe sich mit Hitler zusammentat. Er ermordete die Hälfte des jüdischen Volkes. Ein Grund dafür ist dieses Mal nicht bekannt geworden. Es gibt da eine Geschichte: Eine Versammlung von Rabbis diskutierte nach dem Holocaust das Benehmen Gottes. Sie diskutierten die ganze Nacht, und sie sprachen Gott schuldig. Aber da ging die Sonne auf, und alle erhoben sich wieder zum Gebet. Israelische Philosophen sagen, dass zwar viele Israelis nicht mehr an Jahwe glauben, aber trotzdem an alten Sitten und Riten festhalten. Der Jahwe-Glaube gehört einfach zur Identität des Volkes Israel. Die brutale Wahrheit muss man ignorieren.

In den Glauben Israels sind wir, die Christen, durch Rabbi Jesus hineingewachsen. Er konnte sein eigenes Volk nicht überzeugen, dafür aber die Völker der Antike, die der Vielgötterei überdrüssig waren. Er überzeugte vor allem dadurch, dass er Gott den Vater der Menschen nannte und so die Liebe stärker betonte. Dass man Jesus zum Sohn Gottes machte, das war man von anderen Göttern und Kaisern gewöhnt, die mehr Autorität brauchten. Viele Wundererzählungen gingen in diese Richtung und wurden gerne geglaubt. Das war ja seiner Tätigkeit als Wanderprediger geschuldet und üblich. Auch in den heiligen alten Schriften benutzte man viele Wunder als Zeichen Gottes. Die Wunder wurden später von einer wissenschaftlichen Bibelkritik alle relativiert. Das Wunder der Auferstehung wird von drei verschiedenen Schriftstellern geschildert, die allerdings nicht übereinstimmen.

Auch in der neuen Religion blieb das Gottesbild das gleiche: Positives wird Gott zugeschrieben, Negatives dem Menschen, schon wegen der Erbsünde. Im Anfang schuf Gott das Paradies. Alles war gut. Er kann es also. Aber dann hat er alles wieder zerstört, weil ihn zwei kleine Menschlein beleidigt haben. Er ist maßlos empfindlich und reagiert brutal. Er macht die Erde gefährlich und erschafft den Tod für Pflanzen, Tiere und Menschen, der globale Super-Gau. Schon den alten Schriftstellern war klar, dass es so nicht geht. Aber was macht man, wenn man unbedingt an dem Eingottsystem festhalten will? Immer Gott schonen, und alles Negative dem Menschen in die Schuhe schieben, wem auch sonst. Der barmherzige Gott und liebende Vater der Menschen hätte doch eigentlich den Super-Gau leicht wieder zu-rücknehmen können. Ein Paradies-Gott, deutlich positiv, wäre von allen Menschen der Erde angenommen und begrüßt worden. Es gäbe keine religiösen Differenzen, keine Glaubensschwierigkeiten. Aber Gott nahm einen anderen Weg. Ihm tat es leid, dass er wegen Adam und Eva die gesamte Menschheit moralisch verseucht hatte. Er beschloss, die Menschen wieder zu erlösen.

Bei den Beziehungen zwischen Menschen und Göttern musste schon immer viel Blut fließen. Und so starb Jesus blutüberströmt am Kreuze, und die Menschheit war erlöst. Gespürt haben wir davon aber nichts. Es blieb alles beim alten Elend im kontrollierbaren Diesseits, vertröstet wurden wir ins unkontrollierbare Jenseits. Ein Sündenbock dafür wurde immer stärker in den Vordergrund geschoben. Der Teufel war eine beeindruckende Personalwahl für eine dringend benötigte Stelle. Infolge wachsender Bildung der Menschen haben die Kirchen in der letzten Zeit die teuflischen Kompetenzen fast unbemerkt einschlafen lassen. Aber die Stelle bleibt. Sie ist nur momentan vakant. Wenn auf der einen Seite die guten Mächte sind, dann müssen auf der anderen Seite wohl böse Mächte sein, vor denen man sich wunderbar geborgen fühlt. „Von guten Mächten wunderbar geborgen..."? Anders ausgedrückt: Der gute dich liebende Vater-Gott lässt dich umbringen. Die Absurdität dieses Glaubens wird noch deutlicher, wenn man sich vorstellt: Der makabre Chor der sechs Millionen Ermordeten singt gemeinsam das schöne Bonhoeffer-Lied. Alle Nöte werden eingekleidet in zum Teil Jahrtausende alte Fürbitten, z.B. tägliches Brot und Frieden. Die Nicht-Erfüllung wird dem sonst angeblich so tatkräftigen Gott aber gar nicht übel genommen. Gläubige Menschen sind auf einem Auge blind, man hat sich daran gewöhnt.

Seit zweitausend Jahren bitten die Menschen Gott um den Frieden auf Erden und das tägliche Brot. Und ebenso lang herrscht Unfrieden und Hunger. Gott ist die falsche Adresse, die richtige ist die Evolution. Aber das hilft auch nichts. Das muss die Menschheit selber machen. Und sie wird es schaffen. Schon heute lebt ein großer Teil der Menschheit in ständigem Frieden und Brot.

Blick auf die Bibel

Die Menschen sehnen sich nach Kontakten mit dem Jenseits. Nach biblischem Vorbild wurden die wunderstrotzenden Heiligengeschichten und Muttergotteserscheinungen erfunden. Die Folge waren Ströme von gläubigen, hilfesuchenden Wallfahrern. Erst nach Jahrhunderten der Enttäuschung kamen die Pilgerströme langsam zum Versiegen. Ausnahmen gibt es wie ist z.B. die Event-Wanderung Compostela.

Wie Religion funktioniert, kann auch ein kurzer Blick auf die Bibel zeigen. Die Bibel ist ein prachtvolles altes Lesebuch, in Jahrhunderten zusammengeschrieben, gewiss keine Offenbarung Gottes, wurde aber dafür geschrieben. Nehmen wir den Durchzug durch das Rote Meer. Das ist möglich an den seichten Ausläufern des Meeres bei günstigem Wind. Bei der zweiten und dritten Schilderung wird Jahwe immer stärker, der Durchmarsch immer wunderbarer, bis zuletzt das Meer links und rechts wie zwei Mauern bei Seite geht und die Israeliten trockenen Fußes hindurch wandern. Die nachfolgenden Ägypter aber werden mit Ross und Reiter von Jahwe im Meer ertränkt, unter dem großen Jubel des israelitischen Volkes. Diese Szene übrigens gefiel Hitler so gut, dass er sie im Radio nach der Polenschlacht triumphierend zitierte.

Der Prophet Elias schlug mit seinem zusammengerollten Mantel dreimal auf den Boden, und es erschien vom Himmel ein Wagen. Elias stieg ein und fuhr so in den Himmel auf. Diese Szene aus dem Alten Testament diente den Evangelisten [Lukas und Matthäus] im Neuen Testament als Vorlage für die Beschreibung der Himmelfahrt Jesu, fast mit denselben Worten.

Nehmen wir das Weihnachtsevangelium. Zwei Tausend Jahre hat man es wörtlich geglaubt. Es war Heilige Schrift, Wort Gottes. Nach dem letzten Konzil wurden die katholischen Bibelgelehrten allmählich mutiger und kamen zu gleichen Ergebnissen, wie die protestantische Bibelkritik schon lange vorher. Heute besteht allgemeines Einverständnis darüber, dass das Weihnachtsevangelium nur eine Legende ist, keinesfalls ein Tatsachenbericht, wie die Evangelisten [Markus und Lukas] es behaupten. Dabei bemühen sie sich aber gerade darum mit vielen ganz genauen Angaben. Das ist aber nichts Einmaliges. Damals war diese Methode üblich.

In neutestamentlichen Zeiten wurde die Propaganda für Jesus etwas übertrieben, bei den Römern abgeguckt. Der römische Kaiser musste als Gottessohn verehrt werden. Eine Weigerung kostete z.B. den Bonner Stadtpatronen das Leben. Sie waren Soldaten der Bonner Legion, aber schon Christen. Sie lehnten die Gottessohn-Inflation ab. Sie hatten ja schon Jesus als Gottessohn. Diese Gottessohn-Übertreibung hat vielen Menschen den Zugang zu Jesus verbaut. (Siehe Konzilien, Islam, Moderne)

Auch bei dem schönen Weihnachtsevangelium hatte man nach den Römern geschielt. Jedem römischen Gottessohn wurde eine gebührende Geburtsgeschichte verpasst. Bei Jesus musste das auch so sein. Die Zeitgenossen wussten wohl, was sie von solchen Geschichten zu halten hatten. Das änderte sich aber sehr bald. Für die Nachfolgenden war das christlicher Glaube. Es finden sich keine Anzeichen dafür, dass Jesus überhaupt in Bethlehem war. Aber man wollte an die alten Schriften anknüpfen und den Weg Gottes in Jesus weiterführen. Es gab eine geeignete Stelle mit David und zwar in Bethlehem. Im Weihnachtsevangelium fehlt nicht das wunderbare göttliche Zeichen der Engelerscheinung am Himmel. Jemand hat im Vatikan angefragt, ob unter diesen neuen Umständen das Weihnachtsevangelium als solches noch wörtlich geglaubt werden müsse.

Die sybillinische Antwort: Man muss die literarischen Kategorien unterscheiden. Sonst nichts. Man kann den Leuten ja auch nicht die volle Wahrheit sagen, sie verlieren ihren Glauben, treten aus der Kirche aus, verlieren ihr Seelenheil. Allmählich ist fraglich, was günstiger ist für die Kirche, die volle Wahrheit sagen, oder an den alten Mythen festhalten.

Die drei Sterndeuter aus dem Morgenlande haben ein merkwürdiges Schicksal gehabt. Für die Liturgie fand man eine geeignete Stelle aus dem Alten Testament, wo drei fremde Könige Jerusalem besuchen. Von der Liturgie her führte der Stern bald drei heilige Könige. Auch Gebeine wurden gefunden, und so setzten bald die Wallfahrten ein. Auf nicht einwandfreie Weise gelangten die Gebeine nach Köln. Ein prachtvoller goldener Schrein wurde angeschafft. Die Wallfahrten nahmen ein solches Ausmaß an, dass ein gewaltiger Dom konzipiert wurde, der Kölner Dom. Nach einer Entnahme und Untersuchung haben Wissenschaftler festgestellt, dass die Gebeine nicht einmal tausend Jahre alt sind.

Trotz allem wollen wir die Weihnachtsgeschichte nicht missen. Wir wollen damit den Geburtstag Jesu feiern, unseren großen Meister der Ethik, obwohl wir seinen Glauben nicht mehr teilen können. Das arme Kind in der Krippe ist eine bleibende humane Anmutung. Der barbarische, aggressive Gotteskrieger mit der gezückten Mordwaffe in der Hand und der Bombe im Turban hat keine Chance in einer sich entwickelnden Welt.

Glaube und Vernunft

In ihrer frühen Entwicklungsphase entwickelten die Menschen allmählich Verstand, Erkennen und Denken. Und sie fanden immer mehr Unerklärliches, was nicht von Menschen stammen konnte. Woher aber dann? Es musste von einem unsichtbaren, überlegenen Wesen kommen. Es entstand die Religion. Und zwar nicht nur eine. Jede Menschengruppe bastelte sich selber eine, suchte eigene Erklärungen mangels Wissen. Das war die üble Folge des pädagogischen Versagens des großen Schöpfers, der doch die Menschen so liebte. Es wäre seine Pflicht gewesen, diese junge Menschheit, die er geschaffen hatte, auch zu lenken, zu belehren im Rahmen der durchaus schon vorhandenen Möglichkeiten. Insbesondere musste er verhindern, dass sich verrückte und aggressive Religionen bildeten. Niemand von den verehrten Jenseitigen kümmerte sich, weder die vielen Götter der Vielgötter noch der Eingott, der inzwischen zu drei Religionen geworden war. Die Vielzahl der Religionen ist ein Beweis, dass sich kein Gott um die Menschen kümmerte. Keine Religion vermochte es, zu einer Religion der Wahrheit und Wirklichkeit zu werden und alle Menschen zu überzeugen. Das wird auch in Zukunft nichts mehr, denn es sind ja nun schon einige Tausend Jahre vergangen. Der Fehler liegt bei den Jenseitigen. So viel Verantwortungslosigkeit kann man ihnen aber gar nicht zutrauen. Das lässt nur den Schluss zu: Die Jenseitigen gibt es nicht.

Inzwischen haben sich die Menschen immer erfolgreicher mit dem Unerklärlichen befasst. Dabei muss man bedenken, dass die Menschheit noch sehr jung ist. Wenn man die Zeit mit einem 12-Uhr-Ziffernblatt vergleicht, dann sind die Menschen erst weniger als 5 Minuten vor 12 erschienen. So ist die Zeit der Religion mit Sicherheit nur eine vorüber-gehende frühmenschliche Entwicklungszeit. Alle Fantasien werden nach und nach abgelöst durch die Erforschung der Wirklichkeit. Das Problem ist der Erwerb von Bildung für die Allgemeinheit und für alle Völker. Man kann sagen, die Religion nimmt ab mit dem Wachsen der Bildung, ein Fernziel, aber bereits heute eine Erscheinung.

Da es viele Religionen gibt, können sie nicht darauf verzichten, sich gegen einander abzugrenzen und ihre Dogmen für allein wahr zu halten. Diese Wahrheiten wollen sie natürlich auch anderen Menschen zuteilwerden lassen, also missionieren. Das führt aber zu Konflikten mit anderen Religionen, gefährdet den Frieden bis zu Tötungsdelikten. Die Lösung liegt in der zunehmenden Bildung der Geistlichkeit, Studium der Wurzeln ihrer Religion und damit wachsendem Zweifel und Verzicht auf Radikalität. Man kann auch sagen je weniger Glauben je mehr Frieden. Über den Glauben miteinander zu reden ist zwecklos, aber sehr wohl über gemeinsame Ethik, Weltethos, Frieden. Insbesondere muss man auf den Islam einreden, seine eigenen Wurzeln zu studieren und jede Art von Mördereien öffentlich zu verurteilen.

Die Bibel hat eine Entwicklung durchgemacht von „wörtliches Wort Gottes" bis zur „historisch-kritischen Methode". Der Koran wird die gleiche Entwicklung nehmen, auch gegen den Willen der Geistlichen. Das Ergebnis wird sein: weniger Radikalisierung, weniger Mördereien.

Seit Jahrhunderten suchen die Gottsucher vergeblich. Keiner kann sagen: Ich habe ihn gefunden. Keiner kann all die anderen Menschen an seinem Erfolg teilnehmen lassen. Dabei geht es doch um einen Gott für alle Menschen. Einen solchen Gott, der nicht zu finden ist, kann es nicht geben. Zwar gibt es immer fromme Theologen, die über Gott und seinen Sohn Jesus wunderbare Gedanken schreiben können. Doch es entpuppt sich alles als schöne, geistvolle Fantasie, denn da gibt es einen unendlich freien Raum, den man willkürlich füllen kann. Auch die Vielgötter-Religionen machen das so. Es fehlt immer die überzeugende Wahrheit und Wirklichkeit, wenigstens der eine Fuß auf der Erde. Es wäre wohl Zeit, die Gottsuche aufzugeben.

Aber man kann diese Stelle nicht vakant lassen. Sie wird ausgefüllt durch die Evolution, und zwar besser, als ein monotheistischer Gott es kann. Zwar liegt ein Nachteil darin, dass die Evolution nicht den Urknall erklären kann, im Gegensatz zur Schöpfung durch Gott, was allerdings nur eine unbewiesene Behauptung ist. Aber alles, was danach kommt, spricht für die Evolution und gegen einen Gott.

Glaube und Vernunft kann man philosophisch abstrakt diskutieren und dabei die beiden Begriffe gleichwertig auf eine Ebene stellen. Das ist im Interesse der Religion. Praktisch sieht das anders aus. Wenn es um den religiösen Glauben geht, stellt man zunächst fest, dass es viele Religionen gibt. Und zwar behaupten sie alle, die richtige, wahre Religion zu sein. Lessings Ringparabel ist praktisch gut, aber für den Wahrheitssucher nicht hilfreich. Glaube ist nicht gleich Ethik. Es kann jemand den richtigen Glauben haben, aber ein schlechter Mensch sein. Es kann jemand den falschen Glauben haben und ein guter Mensch sein. Die Vielzahl der Religionen wirkt verdächtig, sieht aus wie von Menschen erfunden. Wenn da jemand im Jenseits Interesse an den Menschen hätte, dann würde er die Menschen nicht so allein lassen. Er würde ein starkes Zeichen setzen für alle Völker klar erkennbar und nicht nur in einem dunklen mythischen Zeitalter, sondern auch in aufgeklärten Zeiten deutlich.

Die Evolution verursacht alles Positive wie auch alles Negative. Man kann auch sagen: Seit dem Urknall läuft alles ganz normal. Wenn man aber unbedingt einen Gott darüber stellen will, gibt es Probleme. Für Gott. Aber was heißt normal? Normal ist das Programm der Evolution: Pflanze Tier, Mensch, sogar Sterne und Sonnen werden geboren, leben und sterben. Ganz natürlich, nicht als Folge einer Sünde, der Erbsünde, nach der Methode: das Gute durch Gott, das Schlechte durch den Menschen.

Man muss offenbar die Vernunft als Werkzeug benutzen und den Glauben auf Wahrheitskriterien untersuchen. Die Vielgötterfantasien scheiden für einen modernen Menschen aus. Der Ein-Gott-Glaube kann aber auch nicht mehr einfach gehalten werden, wie wir gesehen haben.

Machen wir mal Gegenüberstellungen. Der Gottesglaube müsste Haiti erklären. Kann Gott nicht einmal die Erdplatten von Haiti ein paar Millimeter aneinander vorbei lenken, damit nicht Hunderttausende Menschen sterben müssen? Kann er nicht oder will er nicht? In beiden Fällen wäre er erledigt. Dann hat er auch nicht die anderen Fälle menschlicher Nöte überall auf der Erde im Blick. So haben wir es ja auch erfahren. Unsere Opfer und Gebete sind sinnlos verpufft. Es gibt doch nur eine Lösung: Diesen Gott gibt es nicht. Natürlich haben die Theologen immer einen Spruch bereit. Gott ist der ganz Andere. Menschliche Gedanken sind nicht Gottes Gedanken. Gott hat nur unsere Arme. Was Gott tut, das ist wohlgetan. Gott macht alles neu, im Himmel wird alles besser. Wer soll das glauben? Hic Rhodos hic salta!

Es gibt ja nicht nur die horizontalen Bedrohungen des Menschen, sondern auch die vertikalen. Schauen wir in das pockennarbige Gesicht des Mondes, übersät von Kratern durch Einschläge aus dem Weltall. Die Erde hat dasselbe Schicksal erlitten. Einige Spuren sind noch zu sehen. Die meisten sind verwischt durch Wetter, durch Land- und Meerverschiebungen. Da ist kein Gott, der diese Bomben aus dem Weltall so ablenkt, dass kein Mensch zu Schaden kommt. Siehe Haiti. Und was ist mit allem anderen Lebendigen? Es geht immer nach der alten brutalen Evolutionsregel: Wenn du die Katastrophe durchhältst, dann überlebst du, wenn du nicht durchhältst und keinen Ausweg findest, dann stirbst du.

Noch ein Beispiel Evolution: Da war Jahre lang zu viel Staub in der Atmosphäre durch zu viel Vulkanausbrüche und Einschläge. Die Erde war verdunkelt, es wuchs kaum noch etwas. Die großen Grünfresser sind verhungert. Das war das Ende der Dinosaurier. Andere Tiere zogen Vorteile daraus, z.B. die Säugetiere, zu denen auch wir gehören.

Man hat die Überreste eines Vormenschen gefunden. Vier Millionen Jahre alt. Sein Gesicht noch affig. Den Füßen nach hat er noch auf den Bäumen gelebt, konnte aber schon gut aufrecht gehen. So ungefähr muss man sich also Adam und Eva vorstellen, naiv und affenähnlich. Aber sie haben gesündigt. Und deshalb zerstört Gott seine großartigen Pläne, die er mit der Welt und der Menschheit hatte. Adam und Eva sind schuld.

Es ist naiv, bei der noch nicht gelösten Urknallfrage einfach einen Gott hinzustellen und ihn da stehen zu lassen, ohne ihn bei dem weiteren Ablauf zu berücksichtigen. Er passt da nicht hin. Gott ist Fantasie, Fehlschluss, Wunschdenken. Aber Evolution ist Realität.

Evolution

Evolution beinhaltet immer Leben und Sterben. Auch unsere Erde hat solche Elemente von verstorbenen Sternen und wird selbst einst dieses Schicksal erleiden. Der chaotische Charakter des Alls ist nicht mit einem Gott zu vereinbaren. Man sieht schon hier, dass der Tod zur Evolution gehört. Die Religion kann den Tod nicht auf Gott sitzen lassen. Er ist mit dem guten Gott nicht zu denken. Daher muss der Tod auf die Sünde des Menschen geschoben werden.

Immer wenn man nicht mehr weiter weiß, stellt man Gott hin und redet von Geheimnis. Entstehung des Lebens? Das muss Gott gewesen sein. Die Wissenschaft hat die biologische Evolution rückwärts sehr gut darlegen können. Jetzt geht es um die Entstehung der ersten Zelle, ein winziges Objekt, das mit bloßem Auge nicht zu erkennen ist. In der Entstehungszeit vor einigen Milliarden Jahren, war die Erde ein Chaos. Starker Vulkanismus, Meteoriteneinschläge, Unwetter, dauernde Blitzeinschläge, die Pole lagen zeitweise am Äquator, Perioden große Hitze wechselten mit Eiszeiten, die Atmosphäre war verändert, starke Strahlung aus dem Weltall. Fest steht, dass das Leben aus dem Wasser kam. Man versucht heute in den Labors, eine solche Ursuppe herzustellen, um die damaligen komplexen Umstände zu imitieren. Die Einzeller haben eine Million Jahre Zeit gebraucht bis sie sich zu Mehrzellern und schließlich zu tierähnlichen Organismen entwickelten. Man sollte meinen, der liebe Gott hätte Spuren der Liebe hinterlassen bei der Entwicklung der Tiere. Das Gegenteil ist der Fall. Das Leben der Tiere ist bestimmt vom brutalen Kampf ums Dasein. Das beginnt schon bei den chaotischen Umweltbedingungen, die immer wieder die Existenz bedrohen. Anpassen oder sterben. Wer es geschafft hat, bekommt Konkurrenzkampf um den Lebensraum, um die Nahrungsmittel. Alle Tiere sind aggressiv oder scheu, weil sie Feinde haben. Am schlimmsten ist es, wenn die Einen die Anderen fressen. Das ist aber nicht einmal böse, sondern die Evolution hat das so vorgesehen, so funktioniert sie. Denn die Stärksten setzen sich durch und erhalten die Art. Das Erbgut der Schwächeren ist für die Entwicklung der Art nicht vorteilhaft und soll zu Grunde gehen. Ganze Tierarten sterben aus, wenn sie sich nicht durchsetzen können. Das alles entspricht nicht gerade göttlichen oder christlichen Grundsätzen. Das kann ein Gott nicht gemacht haben, der die Liebe ist.

Es steht zu befürchten, dass sich tierische Verhaltensmuster auch in der tierischen Entwicklungsspitze im Erbgut des Menschen wiederfinden. Die Verwandtschaft des Menschen mit den hochorganisierten Säugetieren ist so offensichtlich, dass man nicht auf die Idee kommen muss, zur Erschaffung des Menschen sei ein besonderer Schaffensakt des Schöpfergottes notwendig gewesen. Schon vom Äußeren her erkennt man denselben Bauplan: die vier Extremitäten, den Kopf, das Gesicht. Der Fötus des Menschen durchläuft Gestalten tierischer Entwicklung. Die Schimpansen besitzen 98 Prozent der menschlichen Gene. Die traurigste Gleichheit, die wir von den Tieren übernommen haben, ist der Tod. Die Evolution verlangt ihn, weil ohne ihn keine Entwicklung möglich ist. Davon gibt es keine Erlösung. Und der Mensch ist nicht selber daran schuld, etwa durch Sünde.

Die schönste Entwicklung, die uns die Evolution beschert hat, ist das menschliche Gehirn. Es wurde immer größer und hat uns zum Beherrscher der Erde gemacht. Es wurden Werkzeuge und Waffen erfunden. Die Waffen machten den Menschen zum stärksten Tier, aber man brauchte sie auch schon gegeneinander. Die Gruppen, wie die Rudel bei den Tieren, mussten kämpfen um Lebensräume, Nahrung, Wasserstellen, Weiden. Aber die Gruppen hielten zusammen, wenn es gegen fremde Einwanderer ging. Auch bei den Menschen galten dieselben brutalen Evolutionsgesetze wie bei den Tieren. Die Neandertaler waren über ganz Europa verbreitet. Aber die neu eingewanderten Cromagnon-Leute waren geschickter, klüger, einfach besser. Sie hatten ein besseres Gehirn. Die Neandertaler waren unterlegen, mussten sich zurückziehen und starben aus.

Es war nur natürlich, dass sich Blick und Gedanken des Menschen auch nach oben richteten, auf das, was von oben unerreichbar auf ihn einwirkte. Das musste göttlich sein. Und natürlich hat sich die Fantasie dieses Gedankens bemächtigt. Hier war ein unbegrenztes Potential. Auch die Seele ist dankbar für einen großen Vater, der die Geschicke aller Menschen in seiner Hand hält. Nur fehlt es bis auf den heutigen Tag an einer Bestätigung in der Wirklichkeit. Die Mystik ist gewiss eine gute Seelengymnastik, aber tatsächliche Erfahrung eines Gottes kann sie nicht sein. Der Wahrheitssucher kann nicht einen unglaubbaren Glauben annehmen, auch wenn dadurch die Gefühlswelt kultiviert werden kann, auch nicht wenn dadurch die Ethik besser funktioniert. So bleibt nur bis zum Beweise des Gegenteils: Es gibt keinen Gott und keine Transzendenz. Es gibt keinen Geist, der nicht aus menschlichen Gehirnzellen stammt. Wie es keinen Gott, keine Götter, so gibt es auch keine anderen überirdischen Wesen. Sie entspringen der Sehnsucht, der Fantasie, dem psychischen Konzept des Menschen, haben aber keine Realität.

Wir sind allein, wir sind die Spitze der Evolution. Das ist nicht sehr tröstlich aber realistisch. Werft alle eure Sorgen auf Gott, er wird's schon richten. Alles ist Kismet. Das ist vorbei, das führt nur in die Rückständigkeit. Wir müssen nun selbst Verantwortung für das Ganze übernehmen, unseren eigenen Geist bemühen.

Aber Sorge um die Ethik

Unsere dringendste Sorge betrifft die Ethik. Es ist betrüblich, dass mit dem Verlust der Religion auch die beste Motivationsquelle für die Ethik verloren geht. Wir müssen für Ersatz sorgen.

Das ist besonders notwendig, weil die Moral der Evolution zum ersten Mal einen Gegenspieler bekommen muss. Mit der Entwicklung des menschlichen Gehirns hat die Evolution eine Spitze erreicht, die sich nun gegen sie selber richtet. Die Menschen erkennen, dass es so nicht mehr weiter geht. Menschen müssen anders behandelt werden als Tiere. Sie haben die Menschenrechte aufgestellt, und Jesus hat mit der Bergpredigt, mit der Nächstenliebe, sogar Feindesliebe noch eins draufgesetzt. Aber das sind Forderungen, Richtlinien. Nun kommt es darauf an, sie zu verwirklichen. Mit Sicherheit stammt ein Teil der Schwierigkeiten aus unserer evolutionären Vergangenheit. Da muss es ererbte Verhaltensmuster geben, die für den Einzelmenschen und seine Sozialisierung nicht mehr geeignet sind. Man braucht nicht an das Böse schlechthin oder an den Teufel zu denken. Auf der anderen Seite gilt aber das Dichterwort: Der Mensch in seinem dunklen Drange ist sich des rechten Weges wohl bewusst. Auf jeden Fall ist es gut, nach dem Verlust der Religion eine Art Institution zu schaffen für eine ständige Pflege der Ethik, am besten international.

Haben wir den Sinn des Lebens verloren? Der Katechismus sagt: Wir sind dazu auf Erden, damit wir den Willen Gottes tun und dadurch in den Himmel kommen. Nun ist der Himmel nicht mehr das Ziel, es gibt ihn nicht. Das Ziel ist nun eine möglichst gut bewohnbare Erde, eine möglichst große Anzahl glücklicher Menschen. Der Einzelne wird glücklich, wenn er die Menschen seiner Umgebung glücklich macht. Das Gegenteil wäre Egoismus, Nationalismus eines Volkes, aggressive Ideologien. Der Weltfrieden wird gestört durch die Religionen mit ihren verschiedenen und falschen Glaubenslehren, die auch noch missionarisch und aggressiv vertreten werden.

Die religiöse Sehnsucht aller Menschen kann man schon bei den Naturvölkern erkennen. Sie gehört zur Entwicklung des menschlichen Gehirns. Man erkennt die eigene Begrenztheit und sieht die Möglichkeit einer Weiterführung. Das führt zu Naturreligionen, etwa zum Voodoo, zum Aberglauben. Die gehobenen Religionen sind eine geistige Überhöhung des Aberglaubens. Der geglaubte „Gegenstand" im Jenseits hat aber niemals und nirgendwo ein Zeichen seiner Existenz gesetzt, seiner Sorge um die Menschen. Die Behauptung, Gott habe doch seinen eingeborenen Sohn für die Menschen gegeben, ist so zu bewerten wie Erfolge beim Voodoo. Die Menschen brauchen göttliche Hilfe in ihrer irdischen Not, nicht erst im versprochenen Jenseits. Gott hat also dieses Mal eine mangelhafte Erde geschaffen, aber beim nächsten Mal macht er alles besser. Warum nicht sofort? Versprechungen! Welcher Geist verschwendet wird, um mit zum Teil bizarren, verzweifelten Theologien, im verdunkelten Raum eine schwarze Katze zu finden, die gar nicht im Raum ist. Aber diese Vermutung als einfachste Lösung der Probleme wird gar nicht erst angedacht.

Das Jenseits ist eine Denkmöglichkeit. Da aber nie eine authentische Bestätigung aus dem Jenseits gekommen ist, wird dieses Denken zu einer fixen Notwendigkeit, wird angereichert durch Fantasien, verfestigt sich, wird zu einer eigenen Wirklichkeit, wird zu Religion. Aber gerade die Vielfalt, die unbestätigten Verschiedenheiten der Fantasien macht ihre Fragwürdigkeit deutlich.

Es trifft nicht den Punkt, wenn man darauf hinweist, dass die Massenmörder des 20. Jahrhunderts Atheisten waren. Entscheidend für ihre Aggressivität war nicht der Atheismus, sondern ihre Ideologie. Z.B. Volk ohne Raum. Im Osten liegt er aber. Also überfallen wir die

Polen. Das sind keine neuen Prinzipien. So war es immer. Die Fürsten, Erzbischöfe und Grafen kauften sich Söldner, gaben ihnen Waffen, um andere Menschen zu töten. Nachher hatten sie dann ein paar Quadratkilometer mehr Land und noch ein paar Schlösser mehr. Auf dem Schlachtfeld wurde über den Leichen und Verstümmelten ein Gebet gesprochen oder ein Choral gesungen: Nun danket alle Gott... In den Weltkriegen trugen die Soldaten einen Koppel. Darauf stand: Gott mit uns. Beide Seiten beteten um den Sieg. Und anschließend brachten sie sich gegenseitig um. Goebbels, ein Jesuitenschüler, hat keine atheistischen Reden gehalten. Hitler sprach oft von der Vorsehung. Nach dem letzten der vielen überstandenen Attentatsversuche auf ihn verkündete Hitler im Radio mit berechtigtem Stolz und erhobener Stimme: "Die Vorsehung ist sichtbar mit mir und mit dem, was ich will." Und dann starben noch Millionen Menschen.

Gottvertrauen?

Es ist nicht logisch, einen Gott einfach hinzustellen, weil man über den Anfang nichts weiß, dann aber einfach hinzunehmen, dass danach nichts mehr passiert, insbesondere, dass sich dieser Gott nicht um die Menschen kümmert. Muss man diesen Gott postulieren, wenn er selber kein Zeichen seiner Existenz gibt? Es reicht nicht, wenn die menschliche Fantasie ihn will oder das menschliche Gefühl oder die multiethnische Mystik.

Auch das Urvertrauen ist kein Gottvertrauen. Ja, der Gläubige hat Gottvertrauen. Aber da müsste man unterscheiden. Vertrauen für das unkontrollierbare Jenseits ist unbegrenzt, weil die Fantasie unbegrenzt ist. Beim Vertrauen für das Diesseitige sind Gott und Götter sehr unzuverlässig. Da hilft kein noch so heftiges Beten. Vertrauen bis zur nächsten Krankheit, der nächsten Katastrophe, dem Tod? Wenn gerade nicht bei mir, dann bei meinem Nächsten? Das ist kein Vertrauen in einen liebenden Vatergott. Das ist „Vertrauen" in die unfühlende Art und Weise der Evolution. Sie hat mich etwa bisher in ein ziemlich hohes Lebensalter geschoben. Vielleicht geht das noch ein paar Jahre gut. Aber mit dem Tode kann ich todsicher rechnen.

Wir müssen zurückschauen, woher wir Menschen kommen, dann

verstehen wir besser, wer wir sind, und was mit uns passiert. Von unseren tierischen Vorfahren her haben wir eine positive Entwicklung genommen. Die Neandertaler haben wir verdrängt. Wir waren besser. Wir sind Siegertypen. Wir sind so gut, dass uns die Evolution mit Sicherheit weiter vor sich her schieben wird. Das ist unser Vertrauen. Es ist kein irreales, allumfassendes Gottvertrauen, sondern ein reales Vertrauen in die Evolution, die leider auch Negatives erwarten lässt. An welcher Stelle uns irgendjemand eine unsterbliche Seele eingeschoben haben soll, ist nicht erkennbar.

Dass es nach dem Satz vom ersten Beweger den Schöpfergott geben muss, ist ein dünner Seidenfaden, an dem ein Elefant hängt. Soll man daran seinen Glauben, ein ganzes Leben hängen?

Im Schöpfungsakt soll ein Geist Materie gestalten. Danach aber nicht mehr. Das ist etwa so, als wenn ein kleiner Junge Feuer zündelt und dann wegrennt. Es gibt viele astronomische Nebel, in denen neue Sterne entstehen, üblicherweise mit Planeten. Ist hier immer Gott am Werke mit der üblen Zündelmethode? Die Astronomen lassen uns mit ihren Fernrohren zuschauen, wie Sterne entstehen. Bei dieser Entstehung ist offensichtlich kein göttlicher erster Beweger notwendig. Auf der anderen Seite verlangt die Religion ein Eingreifen des göttlichen Geistes in irdische Verhältnisse. Das Beten, die Bitten drehen sich um die irdischen Nöte der Menschen. Das Beten ist uns anempfohlen, etwa das Bitten um das tägliche Brot. Also müsste Gott das auch können, obwohl er ein Geist ist. Warum aber tut er es nicht bei so vielen Verhungerten in der Welt, besonders Kindern? Da wird der Friede in der Weihnachtsbotschaft verkündet. Wer denkt dann, dass nur der Friede zwischen Gott und den Menschen gemeint sein könnte, nicht aber der Friede auf Erden zwischen den Menschen, den wir so bitter nötig haben, und um den die Menschen seit Jahrtausenden vergeblich gebetet haben. Darauf aber nimmt Gott offensichtlich keinen Einfluss. Der Heilige Geist nimmt nur Einfluss auf die Gehirne von Theologen beim Formulieren von Dogmen, die dann unfehlbar sind. Auf die Gehirne von Massenmördern nimmt der Heilige Geist keinen Einfluss. Obwohl gerade die Wirkung von Geist zu Geist möglich sein müsste. Die Wirkung des Geistes auf Reales ist wohl anscheinend unmöglich. Warum brauchen wir ihn eigentlich?

Ausgerechnet in jenen dunklen, unwissenden, religionssüchtigen Zeiten werden die Dogmen formuliert, Anathema sit, wer das nicht glaubt, der sei verdammt. Und das soll auch gelten für alle späteren Zeiten. Vorher war Jesus zu Gott gemacht worden. Damit waren manche nicht einverstanden. Wahrscheinlich war das ein Grund für das Entstehen des Islam. Dass Jesus zum Gottessohn gemacht wurde, das war auch der krampfhaften Suche nach einem sicheren Zeichen Gottes auf Erden zu verdanken. Hier war nun ein unüberbietbares Zeichen gesetzt. Dem dienten auch die Wunder Jesu. Sie mussten von der Bibelkritik alle reduziert werden. Das Auferstehungswunder ist umstritten. Die Evangelienberichte stimmen nicht überein. Alle Religionen haben diese Schwierigkeiten und versuchen ein sichtbares Zeichen des Himmels herbei zu reden. Auf jeden Fall macht man ungeheure Versprechungen für ein unsichtbares Jenseits. Das ist offensichtlich unglaubwürdig. Aber manche Menschen glauben das so fest, dass sie sogar eine abergläubische, barbarische, mörderische Selbstmörderei veranstalten, um ins Paradies zu kommen.

Theodizee-Frage

Vom Anfangsereignis, dem Urknall ausgehend werden kontrollierbar die Gravitation und die Evolution transportiert, mit positiver Wirkung, aber auch mit katastrophal negativer Wirkung aus menschlicher Sicht. Als Auslöser haben die Theologen phantasievoll einen personalen Gott etabliert, geraten damit aber in Schwierigkeiten. Dieser Gott ist als Weltenschöpfer auch der Schöpfer und Vater der Menschen, er muss also ein guter Gott sein. Die Theologen haben zu Recht eine Reihe von Eigenschaften, die der Weltenschöpfer haben muss, logisch postuliert. Dazu gehört der Satz: Gott ist allmächtig. So stellen sich die Theologen aber selbst ein Bein. Denn damit ist Gott auch für das katastrophal Negative aus menschlicher Sicht verantwortlich. Oder müssen wir wieder einen Teufel einführen? Und wer soll den Teufel erschaffen haben? Wir landen also wieder bei der Theodizee-Frage: Wie kann Gott das zulassen? Antwort: Er kann es nicht. Wenn er es zulässt, ist er kein Gott für uns Menschen. Da er es aber in der Tat zulässt (Haiti), ist noch die moralisch beste Lösung: Es gibt keinen Gott.

Wie ist es möglich, dass die Theodizee-Frage so lange eine Rolle gespielt hat? Man kann doch nicht einfach etwas Nichtexistierendes behaupten und sich hinterher wundern, dass keine Zeichen kommen. Die Theodizee-Frage ist ein Beweis dafür, dass Gott nicht existiert. Die Frage kann nicht gelöst werden, weil sie von falschen Voraussetzungen ausgeht.

Schauen wir auf die Lösungsversuche anderer Religionen. Sie müssen alle zur Fantasie greifen, Lösungen die für uns moderne Menschen nicht mehr nachzuvollziehen sind. Fazit: Es fehlt seit Jahrtausenden das überzeugende Zeichen aus dem Jenseits für die Menschen auf dieser Erde. Daher muss der religiöse Glaube sterben. Auf die Erklärung des Anfangs müssen wir noch warten. Aber es gibt mit Sicherheit keine theologische Lösung. Es sei denn, Gott bringt sie selber kurz vor seiner Entdeckung. Das wäre dann endlich eine echte Offenbarung.

Ohne die Lösung des Theodizee-Problems kann es keinen Glauben an den guten himmlischen Vater geben. Der Schöpfer des Alls ist auch der Schöpfer der Erde. Er hat sie sehr gut bis in alle Einzelheiten der Materie ausgestattet. Also ist er auch der Schöpfer der Plattentektonik. Was er geschaffen hat, könnte er sehr wohl reparieren. Er wäre selbstverständlich in der Lage, die Erdplatten ein paar Millimeter auseinander zu halten, damit sie sich nicht reiben und wie in Haiti über 200 Tausend Tote verursachen. Bei dem Tsunami mit ebenfalls über 200 Tausend Toten und in unzähligen anderen Fällen war es ebenso. Nun wieder Fukushima. Was soll das für ein Gott sein? Er tut nichts. Er schaut zu? Auf einen solchen Gott können wir verzichten. Seine Existenz ist unmöglich. Beweise für die Existenz Gottes gibt es nicht, kann es auch nicht geben, denn es gibt die Offensichtlichkeit seiner Nicht-Existenz. Das Theodizee-Problem ist gelöst. Übrig bleibt eine anonyme Kraft der naturwissenschaftlichen Richtung. Sie hat keine personalen Eigenschaften, kann also auch nicht auf die Menschen zugehen. Umgekehrt gibt es keinen Zugang von den Menschen her. Das heißt: Die Religionen verlieren ihren Gegenstand. Es kann keinen religiösen Glauben mehr geben. Der Gottesglaube ist sinnlos. Um der

Wahrheit und Ehrlichkeit willen müssten die Religionen auf Religion verzichten und sich auf die Ethik beschränken. Das war schon immer ihre Hauptaufgabe. Aber man sieht wie weit der Weg ist.

Der Weltenschöpfer

Ist es nicht etwas naiv, wenn man nicht mehr weiter weiß, einen Gott anzunehmen, der muss es gewesen sein? Dieser Ansicht war ja auch der Bibelschriftsteller. Gott schuf Himmel und Erde. Man muss aber doch fragen, ob dieser Gott, der ja auch der liebende Vater sein muss, für dieses vielschichtige und z.T. chaotische Amt geeignet ist. Wir haben heute eine größere Übersicht über den Gottesamtsverlauf als es der Bibelschriftsteller hatte. Schauen wir einmal auszugsweise in den Amtsverlauf. Die erste Aufgabe dieses Gottes war es, den Urknall zu verursachen, die größte Katastrophe aller Zeiten, mit unendlich vielen Folgekatastrophen bis Haiti. Sein Spiel mit der Verschiebung der Kontinente und der Plattentektonik wollte er nicht aufgeben, trotz seiner vielfältigen Erfahrung der katastrophalen Zusammenstöße, auch dann nicht, wenn nicht nur Pflanzen und Tiere, sondern dabei auch Menschen zugrunde gingen, wie in Haiti. Der Weltenschöpfer konnte das nicht? Oder wollte er nicht? Oder hat er sein Amt gar nicht angetreten?

Eine Möglichkeit wäre die Erbsünde. Eine unmögliche Affäre, die sich der Amtsträger da geleistet hat. Er hat herrliche Pläne mit den Menschen, ein wundervolles Paradies. Aber wegen einer Lappalie lässt er sich alles über den Haufen werfen, und wirft die Menschen hinaus, und zwar alle und bis auf unsere Tage. Ihr habt damals gesündigt, und nun helfe ich euch nicht mehr, nun könnt ihr selber zusehen, wie ihr zurechtkommt. Und nun sitzt er da oben und schaut sich in aller Ruhe alles an, eine Menschenkatastrophe nach der anderen, lässt sich noch freundlich bedanken, dass er nicht noch mehr hat passieren lassen.

Immer ist jemand da, der genau weiß, wie Gott denkt. Dass Gott über Gerechte wie Ungerechte regnen ließ, konnte so nicht weitergehen. Gott würde Schluss machen und wieder eingreifen und zwar sehr bald. Das war allgemeine Meinung zurzeit Jesu, auch seine eigene und der Apostel Lehre. Der Weltuntergang stand unmittelbar bevor, und er wird furchtbar werden. Die Sterne fallen auf die Erde. Aber man braucht nicht einmal die Leichen zu stapeln, wie in Dresden, weil dann sofort das zweite Paradies kommt. Dieses Mal für ewige Zeiten. Übrigens warum nicht gleich so? Man sieht, es handelt sich um Mythos, so wie in allen anderen Religionen auch. Dass alles anders kam, macht nichts. Jemand wusste wieder genau, dass Gott es sich anders überlegt hatte. Die Religion geht weiter.

Leider wussten unsere Religionsgründer auch nicht, wie es im Inneren unseres Erdplaneten aussieht: Die chaotischen feurig-flüssigen Ströme, die manchmal ein Loch in der Erdkruste finden und Vulkane bilden, ein tödlicher Schrecken für die Menschen. Ganze Städte sind schon mit glühender Lava und Asche bedeckt worden. Die Vulkane haben in der Menschheitsgeschichte Hunderttausende von Toten verursacht. Auf den unterirdischen Feuerströmen schwimmt aber auch die Erdkruste, auf der wir leben. Diese Kruste bildet Platten, die sich wie Eisschollen benehmen, sie driften auseinander oder stoßen zusammen, wie in Haiti, mit unabsehbaren Folgen. Auch Tsunamis sind eine Folge. Unwissend haben die Religionsgründer das alles ihrem Gott untergeschoben. Gott schuf die Erde, der Menschen liebende Vater.

Früher haben sich die Menschen noch viel heftiger mit den Bedingungen auf dem Erdball herumschlagen müssen. Es gab mehr tätige Vulkane. Das Klima schwankte sehr stark. Das Eis bedeckte große Flächen. Der Meeresspiegel konnte bis zu hundert Meter schwanken. Es gab jahrelangen Dauerregen. Bis sich Lebensbedingungen für ganz primitives Leben einstellten, hatte die Erde Milliarden Jahre Chaos hinter sich. Ganz normal für das Leben eines jungen Planeten. Gott schuf die Erde.

Der Urknall und die drei Evolutionen

Gott schuf Himmel und Erde. Natürlich kann man hineininterpretieren, es sei nicht nur die Erde sondern der Urknall gemeint. Das ist für eine theologische Deutung aber auch nicht viel besser. Es sieht ebenfalls alles nach einer physikalischen Lösung aus. Der Urknall und Haiti stehen in einem   physikalischen Zusammenhang. Wer den Urknall verursacht hat, der hat auch Haiti verursacht. Da ist keine göttliche Liebe, sondern wilde, chaotische Naturkraft, die keine Rücksicht auf Menschen nimmt. Natürlich ist das keine lückenlose Folge von Katastrophen. Unser Planet hat gleichzeitig seine Schönheiten, und wir können gut darauf leben.

Der Urknall ist eine knallharte astrophysikalische Spitze. Was danach passierte, können die Wissenschaftler nachvollziehen, ohne göttliche Hilfe beanspruchen zu müssen. Es bleibt immer noch zu erforschen, wie es zum Urknall kam. Wenn es ein Gott gewesen wäre, dann hätte er sich ja in der Folge ganz aus der Verantwortung herausgezogen und verdient daher kein Lob. Gott knallte einmal ur und machte dann 13 Milliarden Jahre lang Pause. Denn was danach kam, war ungöttlich und lief von allein. Erst zur Erschaffung der unsterblichen menschlichen Seele wäre wohl seine Anwesenheit wieder erforderlich gewesen.

Das Universum unterliegt offensichtlich einem evolutionären Prinzip, das zu keinem Gott passt. Ein göttliches Prinzip passt nicht zu Katastrophen, erst recht nicht, wenn sie Menschen schaden. Gott steht für das Gute, deshalb heißt er ja auch Gott. Gott ist die Liebe Der Mensch sehnt sich nach einer guten Macht über sich, nach einer behütenden Vaterhand. Leider hat sich diese Sehnsucht in der Wirklichkeit nie erfüllt, nur in vielen Illusionen und Versprechungen.

Es gibt den antiken Spruch: Alles fließt. Man könnte heute auch sagen: Alles ist Evolution. Die Evolution ist die Schwester der Gravitation. Beide waren von Anfang dabei. Beide sind keine göttlichen Kräfte. Es fehlt ihnen die Moral. Es sind rücksichtslose, brutale Naturkräfte. Sie sind Zeugen der Gottlosigkeit.

Es gibt drei verschiedene Evolutionen:
1. Die physikalische (Urknall-) Evolution
2. Die Evolution des Lebens
3. Die Evolution des Geistes

Die große Evolution, die vom Urknall ausgeht, befasst sich ausschließlich nur mit Weltenkörpern, mit ihrer Entstehung, Beschaffenheit, Entwicklung, Sterben, Explosion. Der Urknall hat sich vor etwa 13 Milliarden Jahren ereignet. Unsere Sonne ist etwa 4,5 Milliarden Jahre alt. Sie ist schon gelblich, das heißt sie ist schon in die

Jahre gekommen, etwa in der Hälfte ihres Lebens. Junge Sterne sind weiß. Die Sonne ist sozusagen ein Haufen von Atombomben. Wenn sie ihren Brennstoff verbraucht hat, wird sie sterben. Und dann wird sie ihre Planeten, also auch unsere Erde, mit in den Tod reißen. Diese Entwicklungen sehen gar nicht nach einem liebevollen Wirken Gottes aus. Der Astronom des Vatikan sagt: "Gott ist der Schöpfer, die Wissenschaft zeigt nur, wie er arbeitet." Darauf müsste man antworten: "Das wäre angesichts Haiti eine verbrecherische Schlamperei." Mit anderen Worten, diesen Gott gibt es nicht.

Neben der physikalischen Urknall-Evolution ist die biologische Evolution, das Leben, der zweite große Entwicklungsstrom auf der Erde. Die Erde ist viel jünger als die Sonne, etwa vier Milliarden Jahre alt. Sie hat chaotische Entwicklungsjahre in Millionenzeiträumen hinter sich: unaufhörlichen Vulkanismus, Hitzeperioden, Eiszeiten, Dauerblitze, starke Veränderungen der Atmosphäre, alles Wasser musste aus der Atmosphäre herabregnen und sich in Ozeanen sammeln, usw. Erst etwa vor fünfhundert Millionen Jahren bekam das Leben seine Chance und begann seine Evolution. Die Entstehung aus winzigsten Anfängen - Einzellern, Bakterien, Viren - ist noch nicht geklärt. Die Entwicklung erfolgt in Entwicklungsstreifen. Jede Art verfolgt rigoros ihre eigene Entwicklung. Manchmal kann sie mit einer Nachbarart zusammenarbeiten, manchmal wird sie von einer Konkurrenz zu Tode gebracht, Kampf ums Dasein. Es gibt das Bild von dem guten, friedlichen Löwen. Der Löwe kann aber nur andere Tiere fressen, sonst stirbt er. Die andere Seite sieht das sicher als böse. Ein Fußgänger tritt zufällig auf eine Ameisenstraße und tötet dabei hundert Ameisen. Es tut ihm zwar leid, aber für die Ameisen ist das böse. Die beiden Entwicklungsstreifen der Ameisen und Menschen sind eben nicht fest harmonisiert.

Alles Leben existiert aber nur insofern die große Urknallevolution Chancen, Lebensbedingungen bietet, und die sind gar nicht kontinuierlich und verlässlich. Es geht z.B. um Boden, Hitze, Kälte, Luft, Wasser, Licht, usw. Die physikalische Evolution nimmt also keinerlei Rücksicht. Die biologische Evolution dagegen muss ständig Rücksicht nehmen, sich anpassen, sonst geht sie zu Grunde. Haiti ist ein solcher Konfliktfall: Die physikalische Evolution war wieder einmal rücksichtslos gegenüber der biologischen Evolution.

Weder die physikalische Evolution noch die biologische Evolution trägt eine Spur Gottes, insbesondere eines christlichen Gottes, eines Gottes der Liebe.

Die biologische Evolution hat ja nun auch noch den Menschen hervorgebracht, der ebenso rücksichtslos behandelt wird, wie alles andere Leben. Unsterbliche Seele? Als Schöpfergott müsste er sich jetzt plötzlich anders benehmen als vorher. Das tut er aber offensichtlich nicht. Beispiel Haiti. Eine Spur Gottes gibt es nicht, sie passt nicht zur Wirklichkeit. Es passt nur die Spur der Evolution: die Urknallevolution, die Lebensevolution und die Evolution des Geistes.

Die Säugetiere hatten sich in langen Zeiträumen immer höher entwickelt, die Gehirnleistungen wurden immer besser und gingen in Richtung Menschwerdung. Wenn man die Gesamtheit des Lebens auf der Erde mit einem Ziffernblatt vergleicht, dann erschienen die Menschen erst um fünf Minuten vor zwölf. Mit der Erscheinung des Menschen kommt eine weitere Evolution ins Spiel: Die Entwicklungen, die durch den Menschen verursacht werden, positiv wie negativ. Die Entwicklung seiner physischen Fähigkeiten, besonders aber seiner geistigen Fähigkeiten verändert das Leben auf dem Planeten.

Der Mensch hat zunächst viele geerbte oder erlernte tierische Fähigkeiten, und zum Teil hat er sie noch heute. Mit Hilfe der geistigen Fähigkeiten, die durch die Evolution selber entwickelt worden sind, erkennt nun der Mensch, dass er in einem Bereich gegen die Evolution kämpfen muss. Der Mensch erkennt den Mitmenschen, er muss den Bereich des Ethischen schaffen und immer mehr entwickeln. Bisher hatten sich alle Probleme selbst gelöst nach dem brutalen Evolutionsschema „Versuch und Irrtum". Irrtum bedeutet Tod. Vielleicht war nicht genug Nahrung da, die Konkurrenz war zu stark, das Klima wurde unerträglich, usw. Das konnte der Mensch so nicht mehr mitmachen. Er wurde eingespannt in den Kampf ums Dasein. Er erwarb sich Mitbestimmung über Leben und Tod.

Kampf, Krieg, Islam

Das verhängnisvollste tierische Erbstück des Menschen ist der Kampf, der Kampf ums Dasein, der Machtkampf. Schon immer ging es um Weideplätze, Wasserstellen, Territorien. Wenn Konkurrenz da war, musste gekämpft werden, Gruppe gegen Gruppe. Die Gruppe musste geführt werden. Wer macht es? Auch innerhalb der Gruppe ging es um Positionen. Die Führung wurde zur Institution, machte sich selbständig, nutzte ihre Macht aus, riss Territorien an sich, ließ die anderen für sich kämpfen, wurde zu einer feudalen Kaste, die anderen waren die Herde. Wenn die Feudalen gierig waren auf mehr Reichtum, üppigere Schlösser, größere Territorien, dann schickten sie die Menschen, über die sie verfügten, in den Krieg. Die Menschen wurden mit Waffen ausgerüstet, um andere Menschen zu töten. Auch eine nötige Kampfmoral wurde propagiert. Wenn nicht genügend Kämpfer da waren, wurden arme Menschen, die es nötig hatten, gekauft, um zu töten und sich töten zu lassen. Zum Beispiel: Friedrich der Zweite („der Große", „der Alte Fritz") wollte das schöne Schlesien rauben. Es ging ihm um Ruhm, mehr Besitz und Einfluss. Also schickte er zwanzigtausend Soldaten in den Eroberungskrieg. Nach sieben Jahren Krieg waren es eine Million Leichen. Aber Friedrich hatte nun seinen Raub.

Merkwürdig, dass die Religion es nie fertig gebracht hat, dieses Töten zu verurteilen und zu stoppen, eher das Gegenteil. Und für die feudale Kaste war das eben Standard und angemessen, inklusive Churfürsten und Erzbischöfe. Die Helfer, die Offiziere, waren hoch angesehen. Die anderen waren Kanonenfutter. So war es der Wille Gottes. Da gab es einen Film „Der Choral von Leuthen". Nach der Schlacht bei Leuthen ging der Blick über das Schlachtfeld: Überall entstellte Leichen. Verstümmelte, Stöhnen, Blut. Aber der König hatte die Schlacht gewonnen, also spielte die Musik den Choral: Nun danket alle Gott. Im Invalidendom zu Paris steht das großartige Denkmal von Napoleon. Ringsherum auf dem Boden die Namen der vielen Schlachten Napoleons in großen Lettern. Leider fehlen in großen schwarzen Ziffern die Anzahlen der jeweils Geschlachteten. Insgesamt waren es weit über eine Million Tote. Der große Napoleon hat eine

Blutspur quer durch Europa gezogen bis nach Moskau. Allein die Moskauer Katastrophe hat fast eine Million Tote gekostet.

Aber diese gigantischen Metzeleien haben die Politiker noch immer nicht zur Vernunft gebracht. Noch immer war der höchste und angesehenste Erfolg ein gewonnener Krieg. Adelige und Militärs trugen Schleppsäbel, Dolche, Mordwaffen als Zeichen der Ehre für die obersten Töter. Es folgten zwei furchtbare Weltkriege europäischen Ursprungs in kaum 30 Jahren mit vielen Millionen Toten und mit dem Heerführer und Judenmörder Hitler.

Das war der Höhepunkt der tierisch-menschlichen Ära des blutigen Kampfes. Danach begann in Europa eine neue Ära des Friedens, und zwar eines dauerhaften Friedens. Die Völker versöhnten sich, wurden Freunde. Ihre Staatsführungen schlossen vielfältige Verträge miteinander, so dass Kriege unmöglich geworden sind. Es besteht die Tendenz zu einer noch engeren Verbindung der Staaten untereinander. Diese eindrucksvolle Entwicklung sieht aus nach einer neuen positiven Phase in der Evolution der Menschheit. Der europäische Zusammenschluss ist der größte Entwicklungsschub der Menschheitsgeschichte. Das Vorbild müsste auch in anderen Teilen der Weltbevölkerung Wirkung zeigen.

Wesentlich für diesen Erfolg war auch, dass die Christen ihre frühere Aggressivität, den Kampf der Konfessionen eingestellt haben. Die frühere starke Verbindung zwischen dem Staat (Fürstentum) und der Konfession seiner Bürger war ein Hindernis für den Frieden. Der Staat darf nicht seine Gewalt einsetzen für die religiösen Interessen der Bürger, vor allem nicht einseitig. Die religiöse Toleranz ist unbedingt notwendig für den Frieden. Es darf nicht sein, dass es auch nur einen Toten gibt in einer Auseinandersetzung um den richtigen Glauben. Ein lebendiger Gott könnte sich selbst verteidigen, wenn er es will.

Das bringt die Gedanken zum Islam mit seinen auffälligen Kämpfen und Aggressivitäten. Hier sieht man eine verhängnisvolle Verbindung zwischen weltlicher Gewalt und Religion. Das ist schon in den Anfängen begründet und noch immer nicht aufgegeben, im Gegensatz zum Christentum. „Sieg oder Märtyrertum!" Das klingt noch nach den Zeiten, wo der Islam mit Heerführer und Waffengewalt ausgebreitet wurde.

Mit Scharia und Dschihad kann es keinen Frieden in der Welt geben. Gott, Allah, hat die Menschen geschaffen und liebt sie. Menschen töten ist ihm ein Gräuel, erst recht wegen eines Glaubensirrtums. Das Menschenleben ist der höchste gottgeschaffene Wert auf dieser Erde und darf nicht zerstört werden wegen eines Glaubensverstoßes. Allah ist die Liebe, er ist der Allerbarmer. Wie kann man zu seiner Verehrung sich selbst und möglichst viele andere Menschen töten? Das ist eine furchtbare Blasphemie, ein irrsinniges Paradox. Statt die berechtigte Strafe Allahs zu fürchten, erwartet man sogar eine Belohnung im Paradies. Wie konnte sich nur im Islam eine solche perverse Ideologie entwickeln? Und bei solchen blutigen Aktionen erwartet jeder anständige Mensch einen Protestschrei im ganzen Islam. Stattdessen aber bleibt es immer sehr ruhig. Ist das ein geheimes Einverständnis, weil es angeblich im Namen Allahs gemacht wird? Der Islam muss seinen Beitrag leisten, damit das Kämpfen und Töten in den Religionen der Welt aufhört. Dazu aufgerufen ist besonders die Geistlichkeit. Aber oft genug beteiligt sie sich selbst am Töten.

Eine Fatwa: „Ich informiere das stolze muslimische Volk der Welt, dass der Autor des Buches N.N., welches sich gegen den Islam, den Propheten und den Koran richtet, sowie alle, die zu seiner Publikation beigetragen haben, zum Tode verurteilt sind. Ich bitte sämtliche Muslime, die Betroffenen hinzurichten, wo immer sie auch sein mögen."

Wer so etwas schreibt, muss vor das internationale Weltgericht gestellt werden. Das ist Aufforderung zum Massenmord. Kein Volk und kein Staat der Welt kann sich das gefallen lassen, besonders auf seinem eigenen Territorium. Jede Religion, die einen Gott verehrt, ist verpflichtet zum Frieden in der Welt, sonst ist sie unglaubwürdig. Wer an Allah glaubt, kann kein Töter sein und ist nur so ein würdiges, tolerantes Mitglied der entwickelten Völkergemeinschaft. Gewalt, Kämpfen, Töten ist tierisch, unmenschlich, unterentwickelt. Der zivilisierte Mensch hat kein Messer, keine Waffe. Der zivilisierte Mensch tötet nicht.

Durch alle Religionen ist die Ethik in die Seele des Menschen imprägniert worden und trifft dort zusammen mit weltlicher Humanität.

Und so bleibt es sogar, wenn uns die Religion nach und nach verlässt. Blasphemie kann nicht toleriert werden. Aber die Bilder von tobenden, gewalttätigen Moslems schaden dem Islam und seiner Mehrheit. Oder sollen wir einen dritten Weltkrieg erleben, weil die Religionen sich gegenseitig ihre Propheten beleidigen? Dabei geht es doch im Wesentlichen um Gott, Allah, und nicht um Propheten, die nur Menschen sind. Der Islam hat noch nicht die notwendige Stufe der Zivilisation erreicht. Dschidda und Scharia sind ein Mangel an Entwicklung. Hier liegt der hauptsächliche Grund dafür, dass ein großer Teil der Menschheit immer noch unter Kriegen leiden muss. Schaut doch auf die freundschaftliche Einigung der europäischen Völker!

Tradition, Bibel, Israel

Jahrtausende lang haben die Menschen geglaubt, was in der Bibel steht, dass nämlich Gott die Menschen erschaffen hat im Paradies. Die Wirklichkeit war aber anders. Die sicher bestätigten Erkenntnisse der Wissenschaft besagen, dass die Menschheit sich aus den Säugetieren entwickelt hat. Damit ist also die Bibel teilweise ein Märchenbuch. Sie bleibt immer noch großartig. Aber es zeigt sich, dass man alte, heilige Traditionen nicht aus lauter Ehrfurcht verschonen darf. Vernunft und moderne Erkenntnisse erzwingen die Aufdeckung der Wirklichkeit, auch wenn dabei manche liebgewonnene Tradition verloren gehen muss. Sie darf ja in freundlicher Erinnerung bleiben. Der Glaube freilich wird immer schmaler.

Hier noch eine auffällige Bibelstelle. Aus dem Buch Genesis: „Und Gott sprach zu Abraham: Du aber halte meinen Bund, du und deine Nachkommen, Generation um Generation. Das ist mein Bund zwischen mir und euch samt deinen Nachkommen, den ihr halten sollt: Alles, was männlich unter euch, muss beschnitten werden. Am Fleisch eurer Vorhaut müsst ihr euch beschneiden lassen. Das soll geschehen zum Zeichen des Bundes zwischen mir und euch. Alle männlichen Kinder bei euch müssen, sobald sie acht Tage alt sind, beschnitten werden in jeder eurer Generationen. Ein Unbeschnittener, eine männliche Person, die am Fleisch ihrer Vorhaut nicht beschnitten ist, soll aus ihrem Stammesverband ausgemerzt werden. Er hat meinen

Bund gebrochen."

Das soll Gott gesagt haben. Das ist ein Text der Stammesführung zur Abgrenzung gegenüber anderen Nomadenstämmen. Man denkt auch an archaische Opferbräuche für die Götter, es musste immer Blut fließen. Jedenfalls muss man die Bibel kritisch betrachten, besonders wo sie über Gott redet und wo sie Gott selber reden lässt. Die Bibel ist nicht das Wort Gottes.

Kinderverstümmelung kann nicht durch einen alten Brauch gerechtfertigt werden. Die Juden würden weitere Hochachtung verdienen, wenn sie die Kraft hätten, diesen unsinnig gewordenen Brauch langsam abzuschaffen. Dadurch geht das Judentum nicht zugrunde. Die Juden haben genügend anderes Brauchtum und Qualitäten an Kultur und Geist und gemeinsamem Leiden. Erstaunlich ihre relativ hohe Anzahl an Nobelpreisträgern. Antisemitismus ist Dummheit und Unkenntnis. Die Politik des Staates Israel bleibt hier unbeachtet.

Tauchen wir bei dieser Gelegenheit noch einmal ein in die dramatische Geschichte des Volkes Israel mit seinem Gott Jahwe. Die Israeliten haben zwar den Ein-Gott-Glauben nicht erfunden. Das waren vielmehr die Ägypter, das Nachbarvolk, bei dem die Israeliten früher gewesen waren. Die Ägypter hatten aber diese Religion wieder aufgegeben. Den Ein-Gott-Glauben einzuführen und festzuhalten war die erste der vielen jüdischen nobelpreiswürdigen Ideen. Die israelitische Führung hatte den großen Wert dieser Religion erkannt, gegenüber den vielen Viel-Götter-Religionen aller anderen Völker der Welt, denken wir nur an unsere germanischen Götter. Vor allem aber konnte diese Religion gebraucht werden, den Stamm zusammen zu halten, das Volk zu disziplinieren, schlagkräftig zu machen, denn es standen viele Auseinandersetzungen mit anderen Volksstämmen bevor.

Gott hatte ihnen ein Land verheißen, „indem Milch und Honig fließen". Der Gottesspruch wäre ehrlicher gewesen, wenn er von vielem Blutfließen gesprochen hätte. Denn das Land war bewohnt von zahlreichen Volksstämmen. Die Einsatzleitung für die Kämpfe hatte Gott gleich mitgegeben. Bei der gewaltsamen Einnahme weiter entfernter Städte sind alle männlichen Einwohner „mit der Schärfe des Schwertes" zu erschlagen und nur "die Frauen, die Kinder und das Vieh und alles was in der Stadt ist, und alle Beute sollst du unter dir austeilen."

„Aber in den Städten dieser Völker hier, die dir der Herr, dein Gott, zum Erbe geben wird, sollst du nichts leben lassen, was Odem hat, sondern sollst an ihnen den Bann vollstrecken, nämlich an den Hethitern, Amoritern , Kanaanitern, Perisitern, Hewitern und Jebusitern, wie dir der Herr, dein Gott geboten hat, damit sie euch nicht lehren, all die Gräuel zu tun, die sie im Dienst ihrer Götter treiben, und ihr euch versündigt an dem Herrn, eurem Gott." (5 Mose 20,16 - 18)

Also: Gegen die Hethiter: Krieg, Kämpfe, viele Morde, Zerstörung Sieg. Gott war mit uns.

Gegen die Amoriter: Krieg, Kämpfe, viele Morde, Zerstörung, Sieg. Gott war mit uns.

Gegen die Kanaaniter: Krieg, Kämpfe, viele Morde, Zerstörung, Sieg. Gott war mit uns.

Gegen die Perisitern: Krieg, Kämpfe, viele Morde, Zerstörung, Sieg. Gott war mit uns.

Gegen die Hewiter: Krieg Kämpfe, viele Tote, Zerstörung, Sieg. Gott war mit uns.

Gegen die Jebusiter: Krieg, Kämpfe, viele Morde, Zerstörung, Sieg. Gott war mit uns.

Dann kamen auch noch die Philister und verbreiteten sich. Das Land hat seinen Namen Palästina von ihnen. David besiegte den Riesen-Philister Goliat. Es ist aber nie gelungen, die Philister ganz auszurotten. Als Heerführer musste David öfter gegen die Philister zu Felde ziehen. Einmal erschlug er zweihundert Mann und brachte ihre Vorhäute dem König Saul, um dessen Tochter Michal zu gewinnen. Später verlor König Saul eine große Schlacht gegen die Philister und stürzte sich in sein eigenes Schwert, damit er nicht in die Hände der Unbeschnittenen fiel.

Immer ist sehr viel von Feinden und von Kämpfen die Rede. War es mehr Gottesverehrung oder war es mehr Stammespolitik? Der Stammesgott wird als der große Beherrscher der Welt vorausgeschickt gegen die Feinde und der Stamm hängt sich an. Religion als Waffe? Wie es die Islamisten immer noch machen? Und aus unserm Stamm wird ja auch einmal der Retter der Welt hervorgehen.

Psalm 110:
„Das Szepter deiner Macht streckt der Herr aus Zion aus: zu herrschen inmitten deiner Feinde.....Der Herr ist dir zur Rechten: er wird zerschmettern am Tag seines Zorns Könige. Er wird richten über die Völker, er wird Leichen aufhäufen: Er wird zertrümmern die Häupter vieler auf der Erde."

Die Israeliten waren ein kleines Volk, aufgrund ihrer geografischen Lage umringt von größeren bedeutenden Völkern, die ihre Macht ausdehnen wollten. So bestand immer eine Bedrohung. Eroberungen blieben nicht aus. Das heißt: verlorene Kriege, viele Tote, Zerstörungen, Versklavung, Gefangenschaft, Vertreibung. Da waren die Ägypter, die Assyrer, die Babylonier, die Seleukiden, die Perser, die Römer. In diesem kleinen, zerklüfteten, steinigen, von Gott verheißenen Land floss so viel Blut wie in keinem anderen Land, und das bis 21. Jahrhundert. Wo aber war der Stammesgott bei allen diesen Niederlagen und Katastrophen? Hatte er sein Bundesvolk verlassen? Nein. Er zürnte nur. Der Grund war immer derselbe und musste dem Volk zugeschoben werden: Da waren einige, die mit den Göttern der Nachbarvölker geliebäugelt hatten.

Immer wieder ermahnt von Propheten blieben die Israeliten aber bei ihrer Stammes-Ideologie, bei ihrem Stammesgott. Sie waren das von ihm erwählte Volk. Er hatte versprochen, sie zu einem großen Volk zu machen. Und einer von ihnen würde der Messias sein, der die ganze Welt erlöst. Daher konnte ihre Religion auf kein anderes Volk übertragen werden, keine Mission. Auch Jesus stand in dieser Tradition. Selbst in der Vertreibung und Diaspora hielten sie fest an der Schrift, ihrer großartigen Stammeschronik in Dichtung und Wahrheit, durchsetzt mit den Aktivitäten ihres Stammesgottes und religiöser Poesie.

Aber kann das auch unser Gott sein? Wenn man allein schon bedenkt, dass am Alten Testament zahlreiche verschiedene Verfasser geschrieben haben und zwar im Laufe vieler Jahrhunderte, dann gehört eine unglaubliche Gläubigkeit dazu, zu glauben, das sei das Wort Gottes. Nach einer Lesung aus dem Alten Testament der Ruf:"Wort (des lebendigen) Gottes!"? Ist das nicht eher aufdringlich als glaubensfördernd? Dennoch müssen wir anerkennen, dass die Bibel, zu dieser frühen Zeit geschrieben, eine bewundernswerte geistige Leistung war mit unübersehbaren kulturellen Folgen durch die Jahrhunderte.

Die Bibel beschreibt die Erschaffung des Menschen im Paradies. Das ist Fantasie und Ideologie. Die Wirklichkeit sah anders aus. Das hat die Wissenschaft herausgefunden. Wir müssen mehr auf die Tiere schauen, um mehr über den Menschen zu erfahren. Die Entwicklungsgeschichte der Säugetiere und unserer tierischen Vorfahren gibt Informationen über den Menschen. Die Tiere sind unsere Mitgeschöpfe, wir sind aus ihnen hervorgegangen, sie liegen auf demselben Evolutionsast wie die Menschen. Wenn wir denselben Schöpfer haben, dann müssten wir das Wirken des guten Schöpfergottes auch bei den Tieren feststellen können. Davon gibt es aber nicht die Spur. Die Tiere leben ausschließlich nach den vorgegebenen brutalen Evolutionsrichtlinien. Das Wirken eines Gottes ist weder bei den Menschen noch bei den Tieren festzustellen. Den gemeinsamen verantwortlichen Schöpfergott gibt es nicht.

Kirche und Sexualität, Nacktheit

Merkwürdig, diese Spannung zwischen Religion und Sexualität. Im Paradies lässt Gott die beiden Menschen nackt herum laufen. Er hat ja auch die weiblichen und männlichen Genitalien überaus sorgfältig, ja raffiniert ausgerüstet, damit sie auch gut zusammen passen, Lust und Freude bringen, zum Zeugen von Nachwuchs. Und so ist es überall in der Natur, so auch bei den Tieren. Nun kommen Adam und Eva auf den absurden Gedanken, die Genitalien seien etwas Schlechtes und müssten verhüllt werden, und das bei einem Ehepaar. Offensichtlich unterliegt der Bibelschriftsteller schon zu seiner Zeit einer negativen Sexualideologie. Später kommt noch hinzu, dass man mit dem Messer an den Penis gehen muss. Beides hängt zusammen. Die hässliche Verstümmelung des Penis muss verhüllt werden. Beides stammt aus derselben Quelle. Der Mensch verstößt gegen die Natur. Der unnatürliche Verhüllungszwang der Geschlechtsteile, die Feigenblatt-Ideologie, führt zur Erbsündenlehre des Augustinus, ein entscheidender Grund für die sexuelle Schieflage der Bibel beeinflussten Menschheit. Die Erbsünde ist die verhängnisvollste theologische Lehre aller Zeiten. Sie geht auch noch an Luther vorbei, die gräuliche Erbseuche. Sie hat ihren Anfang in der Paradiesgeschichte der Bibel. In Wirklichkeit ist die Sexualität die schönste Begabung des Menschen. Sie ist die biologische Spitzenleistung der Evolution. Hier aber wird sie als Sünde sogar der Eheleute dargestellt unter Einfluss des Teufels, die zum Verlust des Paradieses führt. Und zwar für alle Menschen. Die Erbsündenlehre ist Teil der falschen Lehre: Alles Gute kommt von Gott, an allem Schlechten ist der Mensch selber schuld. Ein schlimmer Nebeneffekt ist es, das die Frau als Verführerin zur Sünde erscheint. Das Feigenblatt wird zu Verhüllungsorgien bei jüdischen und islamischen Fanatikern. Hier liegt der Grund für das Schicksal der islamischen Frauen.

Die Menschen haben die zweipolige Geschlechtlichkeit von den Tieren übernommen. Solange ausschließlich die biologische Evolution das Sagen hatte, funktionierte alles selbstverständlich, unbefangen, ohne Scham. Mit dem Erwachen des menschlichen Geistes und seiner Lenkfähigkeit ergibt sich die Möglichkeit, sich gegen die Natur zu stellen. Aber das hat Folgen. Was mit der Bibel anfing, spüren wir noch heute. Die gesamte religiöse Geschichte mit der Sexualität ist bis heute sehr schlecht gelaufen.

Paulus kritisierte die Sexualität. Heiraten nur wenn es nicht anders geht. Es hat sowieso keinen Zweck, weil die Welt sehr bald untergeht. Die Frau soll schweigen in der Kirche. Von einem leibfeindlichen Zweig der griechischen Philosophie kam ein starker Einfluss auf die junge Kirche und wurde sehr gerne als passend in die christliche Ideologie eingebaut, die Gnosis. Die Kirchenväter in den ersten Jahrhunderten setzten die leibfeindlichen Ideologien fort. Papst Siricius (385) sprach im Zusammenhang mit der Ehe katholischer Priester von einem „Nachjagen nach obszönen Begierden." Die Erbsünde wurde erfunden. Gottes sorgfältig geplantes Meisterstück, der natürliche Drang der Geschlechter zueinander, wurde als böse Begierlichkeit diffamiert und führte als Einfluss des Teufels alle Menschen zur Sünde. Gott soll sich seine Pläne durch ein primitives Menschenpaar kaputt machen lassen? Und das für alle Zeiten? Welch edler Geist ist hier zerstört als Folge einer falschen religiösen Ideologie.

Der Zölibat der Weltpriester wurde eingeführt, das größte Verhängnis für die sexuelle Mentalität in der Kirche und darüber hinaus in der westlichen Welt. Menschen, die sich von der Sexualität ganz fernhalten müssen, werden zu Bestimmern und Richtern über das ganz normale Volk der sexuell tätigen Menschen. Im Bewusstsein der Macht konnte man von der Kanzel herabdonnern auf das zerknirschte Volk über die Sünde der Fleischeslust, Tod und Teufel. Die Geißler zogen in Prozessionen durch die Straßen und schlugen sich blutig wegen ihrer Todsünden, sie fürchteten das höllische Feuer, ewige Verdammnis. Und immer war es die Sexualität. Die Leute wurden in die Beichtstühle getrieben, und dort knieten sie nun mit Zittern und Zagen vor den reinen Priestern, die mit Sexualität und dem Teufel nichts zu tun hatten. Mit einer Todsünde durfte man ja auch nicht zur Kommunion gehen. Und das fiel auf. Sexualität war so furchtbar, dass darüber niemand sprechen konnte, sie wurde zum Tabu. Die Eltern konnten ihre Kinder nicht aufklären. Der Pfarrer im Beichtunterricht jagte die Kinder in Angst und Schrecken, er sprach von Todsünde und Hölle, sagte aber nicht, was eigentlich Todsünde war. Schon Kinder bekamen ein starkes Schuldbewusstsein, was auch zu Psychosen führen konnte. Die Gläubigen knieten vor und nach dem Geschlechtsakt nieder und beteten Reue und Vorsatz.

Heute noch sagt die Kirche, dass der Geschlechtsakt nur vollzogen werden darf mit der Absicht, Kinder zu zeugen. Rücksichtslos für die Eltern, die schon Kinder haben und am Ende ihrer finanziellen Möglichkeiten sind. Auch Pille und Kondom bleiben verboten. Typisch zölibatär, möchte man meinen. Ist das nun Neid oder schließt man einfach logisch herunter von einer falschen religiösen Ideologie und stülpt sie dem normalen sexuell tätigen Menschen über den Kopf, unfehlbar im Namen Gottes. Die zölibatäre Kirche verursacht ein Meer von Leid bei den Menschen, und das seit Generationen.

Durch die Anzahl der Geburten zeigt die Natur, was sie will, was richtig ist: gleichviel, weiblich wie männlich. 1 zu 1.

1 : 1   Natur, richtig

1 : 40   Harem, falsch

1 : 4   islamisch, falsch

0 : 1   jungfräulich, falsch

1 : 0   Zölibat, falsch

Irgendeine falsche Ideologie kam auf die Idee, man müsse auf die zweite Hälfte der Natur verzichten und dafür einen erfundenen Gott einsetzen. Der Mensch ist Teil der Natur. Wer gesund leben will, muss naturgemäß leben. Die Natur lässt nicht mit sich spaßen, sie rächt sich. Geschlechtsverkehr ist schön und gut, die Natur will es so. Zölibat ist ein Missbrauch. Wo ist der Psalm, der des Schöpfergottes größtes Werk preist? Die Sexualität der Menschen, die Vereinigung der Geschlechter in der Feier des Geschlechtsaktes in Liebe und Freuden! Stattdessen: Die reine Jungfrau! Die Religion hat versagt. Das Hohelied hätte es werden können. Aber die alten wie die modernen Theologen haben diese schöne menschliche Liebe umgewandelt in Gottesliebe. Es ist der alte Erbstreit der Theologie gegen die Sexualität.

Eine späte wissenschaftliche Entdeckung: Die weibliche Eizelle ist genauso notwendig bei der Vereinigung wie die männliche Samenzelle, und sie bringt genauso viele Anteile mit. Sonst gäbe es keine Frucht. Es ist nicht so, wie man früher und wohl auch heute noch in Frauen unterdrückenden Ländern glaubt, dass der Schoß der Frau mit dem Ackerboden zu vergleichen wäre, in den man nur den Samen einbringen muss und es wächst die Pflanze. Beim Menschen ist das aber ganz entscheidend anders. Durch den männlichen Samen allein entsteht keine Leibesfrucht. Diese moderne Erkenntnis untergräbt den Vorherrschaftsanspruch des Mannes und drängt auf die Gleichwertigkeit und Gleichberechtigung der Frau. In der Bibel wird immer nur der Same des Mannes erwähnt. Genau dieselbe Leistung der Frau, nämlich das Erbgut der Frau in ihrer Eizelle, wird nie erwähnt. Zum Beispiel die Stammbäume in der Bibel sind immer nur männlich. Der Nachwuchs hat also nur die Hälfte des Erbgutes aus der Samenzelle, genau die andere Hälfte kommt von der Eizelle der Frau. Erst wenn die Samenzelle auf eine Eizelle trifft und sich die beiden Zellen vereinigt haben, kann sich die befruchtete Eizelle einnisten und es entsteht eine Schwangerschaft. Und nun beginnt die mühevolle Leistung der Frau, die der Leistung des Mannes weit überlegen ist: die

Schwangerschaft, die Geburt, die Ernährung des Säuglings, die Kindererziehung, die Küche, die Hausarbeit. Und die Männer sitzen im Cafe? Die Väter sind zu einer Mitleistung verpflichtet! Und dann soll sich die Frau auch noch verhüllen und hat kein Ansehen? Das aber hat der Mann. Liegt es daran, dass der Mann den Schoß der Frau nur für einen Ackerboden hält und seine eigene Leistung für die Hauptsache? Sexualität und Mutterschaft der Frau wird auch noch dadurch entwertet, dass man Jungfräulichkeit höher bewertet. Welcher Mann hat nur dieses verrückte und ungerechte System erfunden und verbreitet? Schuld an dieser falschen Auffassung ist sicher auch die Unwissenheit über die wirklichen Vorgänge bei der Zeugung. Dieses Wissen müsste aber Folgen haben in der Gesellschaft.

Unsere falsche Vorstellung sieht das Sexuelle grundsätzlich als schlecht und verwerflich. Was von der Natur offensichtlich gedacht ist als höchste Vollendung menschlicher Lebensfreude, wird heute mit dem weit verbreiteten englischen Wort „fuck" zum Tiefpunkt der Verächtlichkeit. Die eigentliche Ursache liegt bei der alten religiösen Verteufelung, Todsünde, Hölle, Tabu.

Das starke sexuelle Tabu wird auf der anderen Seite ausgenutzt zum Tabu-Bruch. Die Öffentlichkeit wird überschwemmt mit erotisch-sexueller Reklame als Kaufanreiz. Eine ganze Branche lebt vom Tabu-Bruch und hat ein Interesse daran, dass das Tabu so bleibt, und macht damit Geld und z.B. Pornografie.

Es wäre wünschenswert, die Sexualität aus dem Negativen heraus zu holen. Nach dem desaströsen jüdisch-christlichen Ansatz muss die Zivilisation zu einem anderen Ansatz kommen: zurück zur Natur ohne religiöse, konventionelle oder sonstige Vorschriften. Aller Anfang ist die selbstverständliche natürliche Nacktheit der beiden Geschlechter in gegenseitiger Wertschätzung und Gleichheit, worauf schon die ausgleichende Geburtenzahl verweist. Diesen Ansatz gibt es bereits, allerdings fehlt noch eine ausreichende Verbreitung und Erkenntnis der Werte, etwa die Befreiung, die natürliche Freude, die Erziehungs-funktion, die positive Bewusstseinsveränderung der Öffentlichkeit. Hier geht es gar nicht um Sexualität, eine Paarbeziehung, Intimität, Liebe. Sondern hier geht es nur um offene, kommunale schamfreie Nacktheit, die Gewöhnung an die schöne Verschiedenheit der menschlichen Körper. Es sind zwei verschiedene Arten von Nacktheit, die von manchen Leuten mangels Erfahrung nicht auseinander gehalten werden können.

Im Ausgang der Paradiesgeschichte muss der nackte Leib als sündig verhüllt werden. Der bessere Ansatz feiert die weiblich-männliche Nacktheit als schönes Gesamtkunstwerk ohne den sofortigen Bezug der Genitalien zur Sexualität, was einen anderen Ort, eine andere Mentalität, eine andere Lebensqualität haben muss. Das Alte Testament schildert oft wie wunderbar der Schöpfergott die Natur geschaffen hat. Dazu gehört natürlich auch das schönste Werk, nämlich der Körper des Menschen. Im Hohelied der Liebe erfreut sich der Bräutigam besonders an der leiblichen Schönheit seiner Braut. Realistisch braucht man sich nur an das Alte Testament anzuschließen, wenn man sagt, die Brüste sind der schönste Schmuck der Frauen zur Freude der Männer. Die Frauen wissen das, und manches Dekolleté wird selbstbewusst zu einem schönen Schaufenster dekoriert. Wenn dann aber ein Mann wirklich hinschaut oder sich sogar bewundernd äußert, wird er als Sexist verleumdet und viele Leute pöbeln hinterher. Man erkennt die doppelte Moral in der Gesellschaft, eine Folge der alten Zölibatär-Moral, die eine natürliche Ausgewogenheit verhindert.

Die Nacktheit ist nicht etwa ein Verfall der Sitten, sondern umgekehrt: Die negativen Folgen der Zivilisation und religiöser Ideologien werden repariert. Ein natürlicher Urgrund wird wieder erreicht und führt zur Gesundung. Die auffallende Prüderie der Angelsachsen, auch in den USA, ist sicher auf religiöse Urgründe zurück zu führen, protestantische Sekten spielen eine Rolle. Es ist nicht nur der katholische Zölibat. Die Schönheit der Schöpfung gipfelt in der Erschaffung des menschlichen Leibes. Eine hohe Auffassung hatten auch die Griechen und Römer. Sie haben uns wunderbare nackte bildhauerische Kunstwerke hinterlassen, damals war es vorwiegend der männliche Körper, später wurde es mehr der weibliche Körper. Dann kam der christliche Bruch. Es wurde sogar berichtet, dass hochgestellte Zölibatäre aus dem Vatikan verlangt haben, dass der David von Michelangelo ein Feigenblatt bekommen müsse.

Noch schlimmer als bei den Christen ist der Verlust der Natürlichkeit beim Islam. Nacktheit ist nicht gleich Sünde. Die Frauen sind nicht verantwortlich für Sünde. Die geistige Entwicklung des Menschen vom Tier her hat beide Geschlechter gleichmäßig erfasst. Dazu gehört der Zuwachs an Vernunft und die Disziplinierung der Instinkte. Das Risiko können die Männer nicht allein den Frauen zuschieben. Die Verhüllung mindert nicht das Risiko. Es ist besser und schöner, die Natürlichkeit zu bewahren, wie sie immer war. Die Gewöhnung an die Nacktheit darf nicht verloren gehen. Durch den Verlust der Natürlichkeit wurde erst Pornografie möglich. Heute ist es sehr schwer, von Nacktheit zu reden, ohne von vielen Leuten gleich in die Pornografie gezogen zu werden. Die Leute können Nacktheit und Sexualität nicht mehr auseinander halten.

Da fällt einem die islamische Erziehung ein. Der Islam leidet an denselben Urgründen wie das Christentum, nur noch schlimmer. Im „Spiegel" stand eine bezeichnende Episode: Ramsan Kadyrow, 34, Kreml-treuer Präsident Tschetscheniens, brüskierte die russische TV-Moderatorin Tina Kandelski. „Sie sind zu provokant gekleidet, deswegen versuche ich, Sie nicht anzusehen", sagte Kadyrow vor laufender Kamera. Kandelski trug ein schwarzes Jackett und einen knielangen Rock. Der Anblick von weiblicher Haut störe seine Konzentration, fuhr Kadyrow fort. „Wenn Frauen halbnackt zur Arbeit gehen, können Männer ihren Job nicht machen." Deswegen sei auch ein Kopftuchzwang unerlässlich.

Nach christlich-westlichen Maßstäben ist das verrückt oder krankhaft. Man muss aber Verständnis für Kadyrow haben. Er kann sich nicht psychologischen Gesetzen entziehen. Er ist Opfer der islamischen Erziehung.

Durch den Schöpfergott, durch die Natur, wurden beide Geschlechter mit dem Drang zueinander ausgestattet. Der Mann sehnt sich nach der Frau, die Frau sehnt sich nach dem Mann. Diesen naturgegebenen Trieb kann man nicht ausschalten durch Verhüllung. Man bewirkt eher das Gegenteil, von der Normalität her wird die Reizschwelle künstlich verändert zur Überreizung, zum Kadyrow-Effekt. Man muss also immer mehr verhüllen bis zur Burka. Aber wieso immer nur die Frau? Sie hat ebenso wie der Mann ein Menschenrecht auf Entfaltung. Der Islam kann in seiner Entwicklung nicht auf das gewaltige Potenzial seiner Frauen verzichten.

Wenn man irgendwo in der Natur, an einem Fluss, an einem Strand baden will, muss man sich unbedingt etwas anziehen. Da kommt das Tabu zum Vorschein, Verhüllungszwang. Schon der Jugendbewegung der zwanziger Jahre war das zu dumm, auch wenn sie gemischt unterwegs waren. Der Zusammenklang des nackten Menschen mit der Natur ist einfach überzeugend. Es kann nicht sein, dass zwischen Mensch und Natur unbedingt ein Fetzen Textil dazwischen gehört. Das Tabu sollte langsam abgebaut werden. Das könnte allerdings zu einem seltsamen Bündnis zwischen traditionellen Pastoren und der Bademodenindustrie führen. Der Reiz der Andeutungen, des Gewagten, des Verruchten ist das beste Verkaufsargument und muss unbedingt erhalten bleiben. Aus verschiedenen Quellen und Ideologien Licht, Luft, Sonne, Natur, Gesundheit, Sport entstand langsam eine Bewegung, die sich Freikörperkultur nannte, FKK. In den Anfängen damals war im Buch eines angesehenen Moralprofessors zu lesen, es sei unmöglich: Die nackten Menschen würden sich sofort aufeinander stürzen und Sodom und Gomorrha anrichten, als unvermeidliche Folge der Erbsünde. Die Wirklichkeit sah dann ganz anders aus als sich ein Zölibatär das vorstellen kann. Es gab eine Entwicklung besonders in Deutschland noch vor dem 2. Weltkrieg. In DDR-Zeiten wurde es fast an der ganzen Ostsee-Küste üblich, nackt zu baden. Die Familien zogen mit Kindern und Zelten an den Strand. Es war eine Art Freiheitsbewegung. Als die Wessis kamen, war das allerdings zu primitiv, und es wurden einträgliche Hotels gebaut. An der Nordsee-Küste hat jeder Badeort einen FKK-Strand. An den französischen Küsten einschließlich Korsika ist diese Art sehr beliebt, viele Deutsche machen dort Urlaub. Im deutschen Inland gibt es viele FKK-Vereine mit schönen Naturgeländen, darauf Spielplätze für die verschiedenen Arten von Familiensport für Klein und Groß. Das Wochenende verbringt die gesamte Familie dort im Wohnwagen wie im Urlaub. Für jeden gibt es etwas Aktives. Es entstehen gesellige Gruppen quer durch die Gesellschaftsschichten ohne Ansehen der Person, Kleidung trennt nicht mehr die

Gesellschaftsschichten. Kleidung hat nur praktische und konventionelle Gründe, sie gehört nicht notwendig und von Natur aus zum Menschen. Die meisten örtlichen FKK-Vereine haben in den öffentlichen Schwimmhallen ihre Stunden ohne überflüssige Badebekleidung. Die Zeit wird allmählich reif, das auch für die Allgemeinheit einzuführen. Man müsste diese Bewegung mehr zur Kenntnis nehmen.

Auffällig ist, dass es keine Auffälligkeiten gibt. Wenn es welche gegeben hätte, würde sich die Presse wollüstig darauf stürzen. Oder doch? Eine ältere Frau erzählte: In einer Sauna-Pause stand eine Gruppe von jungen Leuten zusammen, als einem jungen Mann eine Erektion unterlief. Die Reaktion der Mädchen: Kein Protestgeschrei, keine düstere Entrüstung, sondern schallendes Gelächter. Und das war auch die richtige Reaktion. Nacktheit ist heiter, befreiend. Ein unerfahrener Neuer wird vielleicht Sorgen haben, fühlt sich aber sofort eingefangen in die Atmosphäre der Selbstverständlichkeit, Normalität, Natürlichkeit, der freundlichen Solidarität. Der spekulative Lockvogeltitel eines Bestsellers „Nacktbadestrände" ist eine Verleumdung. In diesem Buch geht es ausschließlich um individuelle Sexualität, die es aber überall gibt, nur nicht an Nacktbadestränden, denn hier fehlt die sexuelle Spannung, es gibt nicht einmal Anmache, weil auch die provokative und doch verbergende Badebekleidung fehlt. Manche Leute empfinden das sogar als langweilig. Gerade dieser Effekt ist aber pädagogisch sehr wertvoll. Die künstliche Reizsteigerung durch das Tabu wird abgebaut. Es bleibt die Freude am Körper des anderen Geschlechtes, vielleicht auch Erotik, aber ohne Überleitung zur Sexualität, die hier weder möglich noch gewünscht ist. Hier ist sozusagen der unsexuellste Ort, den es gibt, denn hier kann es sich ein Mann nicht einmal erlauben, lüsterne Gedanken zu hegen. Natürliche Nacktheit (Freikörperkultur, FKK) kann es nicht zu zweien alleine geben, sondern immer nur in der Gemeinschaft, öffentlich. Hier ist der Sexualtrieb sozusagen automatisch begrenzt. Das ist der Grund, weshalb die Nacktbadestrände so sexfrei sind und daher pädagogisch nicht nur bedenkenlos sondern sogar erzieherisch sehr wichtig sind. Die Umkleidekabinen in Schwimmbädern weisen oft Bohrlöcher auf, Gucklöcher. Schon die Kinder haben den natürlichen Drang, das andere

Geschlecht zu sehen. Das wird aber verwehrt durch das künstliche Tabu. Es entsteht eine Gucklochatmosphäre. Es wäre an der Zeit, Natürlichkeit wiederherzustellen. Die kleinen Kinder sollte man nicht gleich mit einer zölibatären Ideologie verseuchen, sondern immer ohne Badebekleidung ins Wasser schicken. Und das sollte auch beibehalten werden beim Schulschwimmen. Gewöhnung funktioniert sofort zur Normalität. Die Gewöhnung bringt den zivilisierten Menschen die ursprüngliche Natürlichkeit zurück.

Den Kadyrow-Effekt gibt es auch im christlich zivilisierten Westen, aber immer seltener. Das Grundproblem ist allen gemeinsam: die natürliche gegenseitige Anziehung der beiden Geschlechter aus der vorzivilen natürlichen Nacktheit überzuführen in Zivilisation. Dabei wird die natürliche Reizschwelle künstlich verändert. Dieser Übergang wird dadurch so schwierig, weil genau hier die Religion ihre große Chance sah, die Menschen in den Griff zu kriegen durch Teufel, Hölle, Gott und Strafe. Die Religionsdiener kamen zu Ansehen, Macht und Pfründe. Sie versuchten noch am Anfang des vorigen Jahrhunderts die Röcke der Frauen am Boden zu halten. Die Religion verlor aber im Laufe des Jahrhunderts immer mehr an Einfluss, und das spiegelt sich im Verlauf der europäischen Sitte. Zunächst war das Baden der Frauen am Meeresstrand ein kompliziertes Unternehmen. Eine Umkleidekabine wurde auf große Räder gesetzt und in die Wellen gefahren. Die Dame trug ein Beinkleid mit viel Stoff und stieg die Treppe hinunter. Männliche Zeugen waren meilenweit verboten. Die Männer hatten außer Sichtweite einen eigenen Badestrand, trugen einen langen Badeanzug. Im Laufe der Jahre genügte dann eine Badehose. Die Badestrände rückten einander näher, und schließlich hatte die ganze Familie einen gemeinsamen Strand. Die kniefreie Mode war ein Schock, setzte sich aber durch. Es gab einen Film „Die Sünderin" mit Hildegard Knef. Der Maler warf sein Modell ins Wasser, dabei war bei genauem Hinsehen für Sekunden zu erkennen, dass dieses Aktmodell nackt war. Empörung! Ein zölibatärer Geistlicher organisierte den Protest, gründete die „Aktion saubere Leinwand", mobilisierte Protestmärsche, rief zum Boykott von Kinos auf. Das alles war vergebens, wenn man heute zurück schaut. Es gab Filme von Oswald Kolle gegen die Prüderie, für den schönen nackten Körper. Inzwischen kam der Bikini. Im Laufe der Entwicklung gab es immer wieder Empörung. Aber durch die ebenso immer wieder eintretende Gewöhnung wurde alle Empörung immer wieder plattgebügelt. Das heißt: Die Gewöhnung ist der Schlüsselbegriff. Die Reizschwelle pendelt sich immer wieder ein auf das Normale.

Die Entwicklung wird weitergehen. Das Tabu sollte aufgelöst werden. Den Tabu-Brechern sollte der Wind aus den Segeln genommen werden. Der Kadyrow-Effekt ist weitgehend Folge einer falschen religiösen Erziehung. Die Befreiung von religiöser Vormundschaft führt weg von Kadyrows Frust hin zu freiheitlicher, paradiesischer Fröhlichkeit.

Eine Spannung zwischen Kirche und Jugend mag folgender Bericht aufzeigen: Auf dem Weltjugendtag der katholischen Kirche in Toronto war am Abend eine großartige Veranstaltung mit dem Papst. Die Jugend war begeistert. Am nächsten Morgen lag die Zeltwiese voller Kondome. Als das dem Papst gemeldet wurde, soll dieser geantwortet haben: "Auf diese Leute können wir verzichten."
Die Kirche bekommt allmählich die Quittung für die zölibatäre Behandlung des Volkes. Es ist umgekehrt: Wir können auf das zölibatäre Papsttum verzichten, was die Sexualität betrifft. Das sexual normal tätige Volk kann nicht von greisen Zölibatären aus dem Vatikan reglementiert werden. Diese Rolle muss ein anderes Gremium übernehmen, das zusammengesetzt ist mit gestandenen Frauen und Männern ohne religiöse Doktrin, aber aus verschiedenen Kulturkreisen. Der Papst bleibt weiterhin der große, begeisternde religiöse Star indoor und open air. Und er mag weiterhin über die Reinheit seines falschen Glaubens wachen.

In der Erziehung geht es nicht nur um die natürliche Nacktheit. Bei den pubertierenden Jugendlichen fehlt es an einer speziellen sexuellen Erziehung. Alle Jugendlichen wissen, dass die sexuelle Partnerschaft auf sie zukommt, ein ganz entscheidender Lebensabschnitt. Aber es fehlt Führung und Betreuung. Wie kann man Sex- und Porno-Kult bekämpfen? Bestimmt nicht mit noch mehr Tabu, Vorschriften, Verboten, Verhüllung. Der Weg geht zunächst zum Abbau des Tabu, hin zu mehr Natur, Natürlichkeit, Gewöhnung an Nacktheit. Zu viele

Jugendliche nehmen viel zu früh den Geschlechtsverkehr auf, ohne eine qualifizierte Vorbereitung bekommen zu haben. Es gibt zu viele Schwangerschaften von Teenagern. Im Haus der Familie sollte es Kurse geben für Jugendliche. Sex ist sowieso das Thema eins bei ihnen. Porno und Internet sind ungeeignet. Aufklärung in der Schule soll hier weitergeführt werden, ohne jedes Tabu, sehr wirklichkeitsnahe, vertrauensvoll und einfühlsam. Die meisten Jugendlichen kennen Porno-Filme. Sie erleben also keinen Schock, wenn hier die Sexualität in sehr lebensnaher Form ohne Tabu umgewandelt wird vom Pornografischen ins natürliche liebevolle Menschenleben.

Von der Natur sorgfältig geplant ist die Sexualität das wichtigste und schönste Erlebnis im Menschenleben. Aber auch das verantwortungsvollste. Früher war es Kirche, Beichtstuhl, Brautunterricht vor der kirchlichen Eheschließung. Und ausgerechnet war der Betreuer ein Zölibatärer. Das muss ersetzt werden. Hier unterrichten qualifizierte Fachkräfte und sind Gesprächspartner. Die verschiedensten Sichtweisen werden berücksichtigt, z.B. medizinisch, psychisch, technisch, hygienisch, seelsorgerlich. Es geht um das Kennenlernen und das behutsame Eingehen auf die Eigenheiten des anderen Geschlechts. Es geht auch schon um das Gelingen der späteren Ehe, um die Meinungsbildung für das Finden eines geeigneten Partners, wofür nicht die Sexualität allesentscheidend sein sollte. Aber der Partner muss gesehen werden in seiner besonderen Körperlichkeit, seinen Bedürfnissen und Freuden. Der Geschlechtsverkehr muss herausgehoben werden aus dem Negativen von Sünde, Schuld und Kriminalität. Aber auch von Leichtsinnigkeit. Hin zu Verantwortung, Rücksicht, ruhigem Gewissen, Genuss, Freude, Liebe. Der Kursus ist notwendigerweise stehend und unbekleidet, denn eines der Ziele ist der Abbau des Tabus der Nacktheit, was sofort erreicht wird durch die Selbstverständlichkeit aller Teilnehmer. Gleichzeitig entsteht so eine Atmosphäre der Lockerheit mit einem Schuss Humor.

Die Sexualität beginnt erst mit der intimen Zweisamkeit unter dem Einfluss von Instinkt, Begierde, Liebe. Hier gibt es auch eine Grenze, die nicht automatisch funktioniert, sondern als eine Aufgabe für Vernunft und Disziplin zu bewältigen ist. Die normale, gewünschte, legale Sexualität ist gefährdet durch Grenzüberschreitungen: Ehebruch, Prostitution, Pornografie, Missbrauch, Verbrechen. Die klare Erkenntnis dieser Gefahren der Sexualität sollte aber nicht dazu führen, die natürliche Nacktheit zu tabuieren. Sie muss in eine normale, praktische (Bade-) Kleiderordnung integriert werden. Es ist also notwendig, das Tabu von Nacktheit und Sexualität an sich aufzuheben. Die Kleiderordnung wird bestimmt von sinnvollen, praktischen Erfordernissen, von Takt und Mode, nicht aber von einem unbedingten Verhüllungszwang. Im Strandleben müssen natürlich Bademoden und Anmache möglich sein. Nicht für die Sexualität im Allgemeinen, wohl aber muss ein Tabu bleiben für die individuelle, liebende Verwirklichung der Sexualität. Auf der anderen Seite sollte die Sexualität relativiert werden. Sie ist nicht das Allerwichtigste im langen Leben eines Paares.

Angefangen mit dem Alten Testament und dem Urchristentum, in allen Stadien ihrer Geschichte bis auf den heutigen Tag, hat die Kirche eine natürliche, vernünftige, menschliche Einstellung zur Nacktheit und zur Sexualität nie gefunden. Sie hat die Menschen terrorisiert. Die Kirche hat ihren negativen, zölibatären Einfluss im ganzen christlichen Abendland etablieren können. Sie ist schuld am Generationen übergreifenden Leid der Beichtstuhl-Quälereien und Depressionen, aber auch an der tabu-brechenden Übersexualisierung der Neuzeit. Das alles hat Gründe. Das müsste einmal wissenschaftlich aufgearbeitet werden. Jener Schreiber darf kein Zölibatär sein, und an europäischen Stränden muss er die Nacktheit selber erlebt haben. Gleichzeitig müsste die Frage beantwortet werden, welche Erziehungsmaxime besser ist: Der sündige Leib muss verhüllt werden, oder: Der freie Leib macht fröhlich.

Heiligkeit, Liturgie

In den Gegebenheiten der menschlichen Geist-Seele-Verfassung gibt es diese Stelle, die von den Religionen gerne mit Gott und Göttern ausgefüllt wird. Es ist die Sehnsucht des Menschen nach Unendlichkeit, Vollkommenheit, Heiligkeit. Es sind Eigenschaften, die man nur Göttern zuschreiben kann, die dann hoffentlich ihre Hand über die Menschen halten. Wir haben die drei Evolutionen nach einem menschenfreundlichen Gott abgesucht und nicht gefunden, weder bei der Urknall-Evolution, noch bei der biologischen Evolution oder der geistigen Evolution. Nirgendwo ist Heiligkeit zu finden, dafür aber viel Unheiliges. Die Heiligkeit ist eine Erfindung des menschlichen Geistes und gehört zur Ethik. Die Heiligkeit ist der abstrakte unendliche Richtpunkt der Ethik, der nie erreicht wird, aber in der praktischen Ethik angestrebt wird. Vielleicht hat das die Evolution in unsere Gene gelegt.

Zu Zeiten Jesu wartete man auf das Reich Gottes. Man hatte einen Gott, und nun war es endlich Zeit, dass dieser Gott auf Erden eingriff und sein ethisches Reich Gottes errichtete. Jesus fühlte sich bereits als Teil des Reiches Gottes. Aber dann ging es nicht mehr weiter. Es blieb alles beim Alten. Was nicht verwundert, weil es diesen Gott, der von oben eingreift, nicht gibt. Die Kirche versucht, diese Reich-Gottes-Idee weiterzuführen. Sie versucht, Heiligkeit aufzubauen und Gott in ihre Nähe zu rücken. Man hatte bereits Jesus zu Gott gemacht, um Gott in die Menschheit herein zu bekommen. Man nennt sich Heilige in der Frühzeit. Die Kirche verwaltet bereits die Taten Gottes in den Sakramenten. Man baut Gotteshäuser. Hier wohnt Gott. Der Papst nennt sich Heiliger Vater. Die Diener der Kirche müssen ihr halbes Menschsein ablegen, weil sie schon halb im Reich Gottes stehen. Die zahlreichen Missbrauchsfälle zeigen, dass es so nicht geht. Die Gottesverehrung im Schauspiel der Kirche, der Liturgie, will Gott in die Gegenwärtigkeit ziehen. Aber das Schauspiel wird immer leerer, der Text immer falscher. Das Schauspiel erinnert auch an die schlimme Zeit der Kirche mit fürstlichen Würdenträgern in Protz, Gewalt und Intrige. Auch hier schon hätte man fragen können: Gott, wo warst du?

Die wissenschaftlichen Ergebnisse der modernen Bibelkritik stimmen nicht mit dem Glauben der Kirche überein. Die Kirche kümmert sich nicht darum. In Predigt und Liturgie besteht sie auf den alten Glaubenssätzen, obwohl sie es besser weiß, denn alle ihre Amtsträger haben ein wissenschaftliches Studium hinter sich, und immer mehr gebildete Menschen wissen Bescheid. Trotzdem verlangt die Kirche von ihren Mitgliedern das Bekennen des alten Glaubens. Die theologischen Verschleierungen und Mystifizierungen können nicht mehr helfen. Man will doch ein ehrlicher Mensch bleiben. Was man nicht glaubt, kann man nicht bekennen. Man will doch kein Heuchler sein. Wir können heute die Entstehung dieses Glaubens und seine Zeit besser überblicken. Normaler gesunder Menschenverstand setzt sich durch gegen eine Zeit religiös überdrehter Fantasie. Ein Heiliger Geist war ganz offensichtlich nicht dabei. Nicht den Glauben leben, sondern die Ethik Jesu leben! Auf dem kontrollierten Boden der Wahrheit und Wirklichkeit stehen unverrückbar die Säulen der Ethik. Dazwischen ranken die bunten Spiritualitäten und bringen Farbe ins Leben, aber keinen Zwang. Zurück zum ursprünglichen Jesus. Nicht vergöttlichen. Keine wuchernde Tradition. Keine Liturgie der Renaissance. Keine barocke Pracht.

Die Menschen haben schon immer Götter verehrt. Aber nie hat sich irgendwo ein Gott sehen lassen. Also haben sich die Leute an jemand gehalten, der angab, eine besondere Nähe zu einem Gott zu haben. So mag der Ursprung der Liturgie bei den Medizinmännern liegen, mit ihrer eindrucksvollen und wunderschaffenden Ausstattung und ihrer Vermittlung zu den Göttern. Im Alten Testament war es der Tempel mit seinen Priestern und Hohepriestern, von Jesus nicht sehr gemocht. In dieser Zeit gab es schon viele religiöse Richtungen mit ihren Liturgien. Auch die junge Kirche begann eine Liturgie zu entwickeln mit großer Auswahl und Vorbildern, besonders dann mit dem römischen Staatskult. Der Bischofskult eignete sich sehr gut dazu. Den römischen Hallen entsprechend wurden Kirchen gebaut. Darin konnte man den Bischof eindrucksvoll platzieren und Liturgie entfalten. Die Kirchen wurden immer größer zur Ehre Gottes, ausgestattet mit künstlerischen Gemälden. Die liturgischen Gewänder wurden immer üppiger. Die Liturgie lässt sich nun prachtvoll und eindrucksvoll wie eine Oper gestalten. Auf hohen Stufen stolzieren die bunten Pfauen vor dem niederen Volk da unten. Die Amtskirche feiert sich selbst und ihre Tradition, betont dabei ihre Autorität. Immer noch versucht die Kirche ihre Heiligkeit, ihre Nähe zu Gott darzustellen und mit allen Mitteln zu feiern. Aber, was würde Jesus dazu sagen? Fördert das

Erscheinungsbild der Kirche den Glauben der Menschen von heute?

Die Kirche predigt immer noch ihren alten Glauben und baut darauf ihre Liturgie auf. Der Glaube wird aber inzwischen von der Wissenschaft untersucht. Es werden immer mehr Fehler und Unglaubwürdigkeiten entdeckt. Die Ergebnisse werden aber nicht berücksichtigt. Die Kirche kann nicht zugeben, dass sie nicht von Anfang an die Wahrheit besitzt und der Heilige Geist nicht immer bei ihr war. Was geschieht mit der Liturgie, wenn immer mehr Menschen nicht mehr glauben können, dass Jesus Gott war? Auch der Glaube an einen Gott nimmt ab. Auch die Kirchenbesuche. Diese Tendenz lässt sich nicht mehr aufhalten. Das muss man fast wehmütig wahrnehmen, wenn man das Ende bedenkt. Soll dann die Liturgie völlig verschwinden? Es wäre schade. Die Liturgie ist auch heute noch ein prachtvolles Schauspiel, das alle Sinne ergreifen kann: Das Glockengeläut, die besondere Architektur des Kirchenraumes, die festlichen Gewänder und Bewegungen, der Weihrauch, die Gesänge und Chöre, die mächtige Orgel, die Musik von Johann Sebastian Bach, der Gesang alter und neuer Kirchenlieder vom Volk selbst gesungen, das gemeinsame Erleben. Das alles ist ein Event, der auch einem Ungläubigen Herz und Gemüt erheben kann, ohne dass er mit seiner Vernunft den ohnehin nicht nachvollziehbaren Texten hinterher geht. Aber was machen wir nun damit? Hier handelt es sich um Kultur, die erhalten bleiben sollte, auch wenn Religion und Konfession verloren gehen. Auf gar keinen Fall werden wir bei Religionsunterschieden die kulturellen Werte der anderen bekämpfen oder gar zerstören. Die Kirche zu verlassen ist nicht notwendig.

Wir wollen der Kirche nicht schaden, auch wenn wir kritisieren, vielleicht nutzt es. Und vielleicht steht manch einer gern in der Kirche sogar mit Verzicht auf Wahrheit, die wir für unverzichtbar halten.

Nach dem Kirchentag hieß es: "Wir haben zu Gott gesprochen, und Gott hat zu uns gesprochen." Die Menschen wissen doch, dass Gott seit zwei Tausend Jahren nicht auf Gebete reagiert. Trotzdem richten sie ihre Gebete an Gott. Ist das vielleicht hier eine Scheinadresse? Hier kommen Menschen zusammen mit ungefähr gleichem Wissen und Wollen. Ihre Gebete sind gar nicht nach oben gerichtet, sondern zur

Seite? Man will sich gegenseitig stärken, bewusster machen, Mut machen. Hier wird die ethische Solidarität gefeiert über Konfessionen und Parteien hinweg. Und das ist gut und muss so bleiben. „Gott" spricht durch die alten biblischen Grundsätze. Die Scheinadresse ist allerdings für manche eine Heuchelei. Gott weiß doch alles. Was zu tun wäre, hätte er längst tun müssen. Gebet kann also nur Kritik an seinem Nichtstun sein. Eine Bestätigung seiner Abwesenheit.

Tradition, Bischofskult

Nicht jede Tradition muss ehrfürchtig beibehalten werden. Die Kirche muss offen bleiben für Vernunft, Forschung, Kritik. Es kann sich auch um eine Tradition handeln, die in einer ungünstigen Zeit, in ungünstigen Umständen entstanden ist. Solche Traditionen müssen geändert werden, wenn sie der Kirche und den Gläubigen schaden. Dann war es eben nicht der Heilige Geist. In der Apostelgeschichte steht:„...Sie brachen in ihren Häusern das Brot und hielten miteinander Mahl in Freude und Einfalt des Herzens..." Die ersten Christen waren noch in der Nähe des gerade verstorbenen Jesus. War es günstig für den Geist des jungen Christentums, als der feudale Staatskult des römischen Kaiserreichs von den christlichen Bischöfen übernommen wurde? Hier ging es um Ansehen, Autorität, Macht, vielleicht Reichtum, Amtsgehorsam nach oben. Wenn der Jesus-Sucher auf seinem Weg Zeichen sieht wie Hirtenstab, Spitzmütze, dickes Auto, Palais, dann ist er auf dem Holzweg. Er wird in Rom ankommen, aber nicht in Nazareth. Könnte man sich Jesus vorstellen mit einem Imponierstab, Imponierhut, prachtvollen bunten Amts- und Liturgiegewändern? Man kann sich aber sehr gut einen Bischof vorstellen, der ohne das alles auskommt und mitten im Lebensstil des Volkes lebt, zu dem er gehört. Dieses Volk hat ihn ja auch gewählt. Er ist nicht nach autoritären Regeln bestimmt, deren Initiator im fernen Rom sitzt.

Der römische Staatskult darf nicht unverzichtbare Tradition sein. Man muss an die Auswüchse des Bischofskultes denken. Die Bischöfe als repräsentativer Machtfaktor. Eine Kathedrale ist nicht ein Gotteshaus, sondern das Haus über der Kathedra, dem Sitz des Bischofs. Der Investiturstreit war ein Streit um die Macht der kirchlichen Amtsträger.

Dieser erfolgreiche Holzweg der Kirche ist im Bischofskult noch übrig geblieben und findet immer mehr Missfallen bei demokratisch entwickelten Menschen. Die Kirche ist kein Selbstzweck, sie ist für die Menschen da. Um die Menschen nicht zu verlieren, muss sie flexibel sein. Dass sie global unveränderlich sein soll, ist kein guter Grundsatz. Und in unseren Breiten erwarten die Menschen von ihrem Bischof eine starke Repräsentation des Volkes nach oben hin. Der Bischof kann nicht mehr der bloße Befehlsempfänger von oben sein. Er muss stärker beteiligt werden an der Leitung der Kirche, die sonst erscheint wie ein zölibatärer Klub von geistig abgehobenen Religionsprofis, die zur Wirklichkeit der normalen Menschen keinen Kontakt und daher auch keine Bedeutung mehr haben. Die Amtskirche muss abnehmen, Jesus muss wachsen. Christliche Bescheidenheit statt römischen Pomp. Der Bischof sollte es vorleben. Nun gibt es zwei Arten von Bischöfen: jesuanisch, arm, Menschen nahe, ein Vorbild; oder prächtig, imponierend, autoritativ, vatikanisch.

Den Glauben sollte die katholische Kirche am besten nicht mit Autoritätsgesten verbinden. Wir hören mehr auf theologische Wissenschaftler, die Wert legen auf Wahrheit und Wirklichkeit, etwa nach der historisch-kritischen Methode. Es war keine gute Idee, dass die Bischöfe vors Mikrofon treten mit Bischofsstab und Mitra. Der Bischof ist kein Hirte mehr wie früher, wo er eine ungebildete Lämmerherde zu führen hatte und zu sagen hatte, was zu glauben war, es auch kontrollierte, evtl. mit Strafen. Der Hirtenstab ist heute kein geeignetes Mittel mehr, einer solchen Gemeinde gegenüber zu treten und Nähe zu den Menschen spüren zu lassen. Wenn der Predigende den Kopf mit dem Spitzhut auch noch zu stark bewegt, wird der Rand der Lächerlichkeit berührt. Der altrömische Staatskult in der katholischen Kirche muss allmählich wieder abgebaut werden. Wir sehen nicht gerne, wie die zölibatäre Amtskirche sich selber und ihre Tradition feiert und damit den Blick auf Jesus verstellt. Vor einigen Jahren wurde die Tiara, die dreifache Papstkrone, abgeschafft und ins Museum gestellt. Auf diesem Wege sollten langsam und unauffällig die Mitra und der Hirtenstab der Bischöfe folgen. Die Kleidung der katholischen Geistlichen, besonders der Bischöfe, sollte bescheidener werden, ähnlich den Protestanten.

Das wäre endlich einmal ein Weg in Richtung Wiedervereinigung, der ohne dogmatische Schwierigkeiten zu bewältigen wäre.

Die historisch-kritische Methode sollte nicht nur die Schrift untersuchen sondern auch die Tradition, die Entstehung des christlichen Glaubens. Es gibt kaum noch einen ernstzunehmenden Theologen, der noch der Ansicht ist, Jesus sei Gott. Diese Ansichten werden aber nicht in die Öffentlichkeit getragen. Das wäre zu gefährlich. Schon früher gab es heftige Diskussionen und Kämpfe um die Gottheit Jesu. Sie führten aber letztendlich zu dem Glaubenssatz, dass Jesus Gott ist. Wenn aber diese Tradition falsch ist, dann gibt es auch keine Dreifaltigkeit, Vater, Sohn und Heiliger Geist. Was auch schon früher umstritten war. Jesus war nur ein charismatischer Wanderprediger. Und der Islam hätte recht, sollte aber auch seine eigenen Traditionen endlich erforschen. Es wird ihm genauso ergehen wie den Christen. Großen Einfluss auf die Vergottung Jesu hatte die römische Praxis, dass der Kaiser Gott war und als solcher verehrt werden musste. Sein Sohn war eben Sohn Gottes. Das römische Imperium hat zwar viel dazu beigetragen, dass sich das Christentum ausbreitete, aber der staatliche Einfluss ist bis heute noch dem Geiste Jesu nicht gut bekommen. Am auffälligsten ist das Bischofssystem, das von den Römern übernommen wurde. Es entwickelte sich zum Bischofskult, was wiederum zu staatlich mächtigen Positionen führte. Der Bischofskult lässt sich mit Jesus nicht vereinbaren, und muss heute unbedingt stark zurück genommen werden.

Man sollte sich keinen Illusionen hingeben: Die Vernunft wird immer größere Lücken in den Glauben reißen. Der Glaube ist eben keine feste Größe, von einem Gott geoffenbart und daher absolut wahr. Der Glaube hat sich entwickelt in vielen Jahrhunderten, vielen Konzilen, mit vielen Kirchenmännern, vielen Disputen und Kämpfen, vielen mühsam beschlossenen Dogmen, und mit dem Wissen der damaligen alten Zeiten. Wenn heute die Wissenschaft mit dem Glauben in Konflikt gerät, weiß man doch, wem man am besten trauen kann. Die Kirche hat keinen Grund mehr für Rigorismus und Fanatismus. Es empfiehlt sich der sanfte Weg. Was nicht mehr gehalten werden kann, geht langsam, vielleicht sogar unmerklich von Glauben über in Kultur. So können wir die unermesslich reiche religiöse Kultur der Vergangenheit bewahren und bewundern.

Die Kirche gleicht dem Kölner Dom. Er wurde erbaut über den Reliquien der heiligen drei Könige. Es stellte sich aber bei Untersuchungen heraus, im Reliquienschrein liegen die falschen Gebeine. Ebenso ergeht es der Kirche. Die Kirche wird wie der Dom und der Schrein bleiben. Der Glaube wird verdunsten, weil er falsch ist. Der goldene Schrein bleibt prachtvoll, und der Dom ist bewundernswert, und wir wollen ihn nicht vermissen. Und wir wollen nicht aus der Kirche austreten, weil sie die beste Vertreterin der Ethik Jesu ist.

Sollen wir die Utopie ein Stück weiterführen? Wenn feststeht, dass Jesus nicht Gott war, nicht die zweite Person der Gottheit, dann muss man auch einräumen, dass nicht jedes seiner Worte unfehlbar war. Zum Beispiel das Wort von Petrus als dem Fels der Kirche. Auch wenn es nach zwei Tausend Jahren in einer veränderten Welt ganz ungünstig geworden ist für die Kirche? Ratzinger wollte gar nicht Papst werden. Er wollte lieber Bücher schreiben. Und das hat er auch getan. Die katholische Kirche hat einen großen Reformstau. Ein einzelner Mann an der Spitze kann die Reform gar nicht bewältigen, wenn er das überhaupt will. Alles hängt von ihm ab. Seine rückwärtsgewandte Gesinnung würde alles verschlimmern. Das Achter-Gremium von Papst Franziskus, wo alle Kontinente vertreten sind, ist ein guter Anfang.

Die Ära der totalitären Regime ist vorbei wegen erwiesener Unfähigkeit und Gefährlichkeit. Wie in der Welt, so auch in der Religion. Hier geht es um viele Millionen Menschen, viele verschiedene Völker, Kulturen und Bildungsschichten. Die Führung aber kann nur einigermaßen gut und gerecht bewältigt werden in einer demokratischen Form auch bei der katholischen Kirche. Jesus würde bestimmt nichts dagegen haben. So könnte man auch seine anderen Schafe besser in den gemeinsamen Stall zusammenführen.

Das Geleitzug-System muss aufgegeben werden. Es können nicht mehr alle auf den Langsamsten warten. Die entwickelten Völker dürfen nicht auf den Verzicht zu Reformen gezwungen werden. Das würde zu Verlusten führen.

Neue christliche Feier

Man kann den Glauben verlieren, man kann aus der Kirche austreten, man sollte aber nicht das Christentum verlassen, sondern in einer christlichen Bindung bleiben. Das christliche Bewusstsein ist wichtig. Das heißt, wir alle haben den gemeinsamen Grund in Jesus Christus, in unserem Meister der Ethik. Viele Menschen können nicht mehr glauben, dass er auch Gott ist. Damit stimmen manche Theologen und Wissenschaftler überein, was auch schon früher so war. Was ist nun zu tun? Messfeier, Liturgie bezieht sich auf Jesus, den Gottessohn. Das kann man nicht mehr ehrlich mitmachen. Wir brauchen also einen ganz anderen Gottesdienst, der Jesus ganz anders behandelt, nämlich als einen Menschen, als einen Ethiklehrer, als ein Vorbild. Da wäre eine ethische Gemeinschaft zu gründen, die alle Konfessionen umfassen könnte.

Alle diese Gruppen haben einen gemeinsamen Nenner: Die christliche Ethik. Das ist die große Chance zur Vereinigung aller Christen, parallel zu ihren verschiedenen Glaubensformen. Die gemeinsame Organisation der praktischen Ethik, der Versuch die Gottesreich-Idee Jesu fortzuführen. Das wird uns viel Anstrengung und auch viel Geld kosten. Der christliche Block kann so in der Welt viel Gutes bewirken, vielleicht als Vorbild für andere Religionen.

Wenn Jesus nicht Gott ist, dann gibt es keine Messe mehr, wenn es keinen Gott gibt, dann gibt es keine Liturgie mehr. Dann bleibt aber eine ethische Feier in einer schönen Kirche für alle Christen gemeinsam.

Die Zeiten, wo die christlichen Kirchen sich gegenseitig bekämpften, sind vorbei. Sie sollten ihre unterschiedlich falschen Traditionen als solche erkennen und sich besser auf Jesus konzentrieren. Es kommen die Zeiten, wo sich die christlichen Kirchen vereinigen. Die Christen wachsen zusammen. Das geht umso schneller je weniger die Gläubigen glauben und bekennen müssen. Es könnte sein, dass sie eher bei einander sind als noch die katholische Amtskirche ihr Regelwerk entsprechend verändert hat.

Vereint ist das Christentum stärker und kann länger überleben, auch in seinen unterschiedlichen Kulturen. Die Ethik Jesu muss auf alle Fälle überleben. Der kämpferische Islam ist keine Alternative.

Der beste Ort für Jesus und die Ethik an sich und die eigene Ethik ist immer noch die christliche Kirche. Deshalb wollen wir in der Kirche bleiben und versuchen, sie zu verbessern, obwohl der Glaube unrettbar schwindet.

Das Glaubensbekenntnis ist für manche eher eine schöne Erinnerung an einen früheren Glauben. Wenn Jesus nicht Gott war, dann gibt es aber auch keine Auferstehung. Das heißt, der christliche Glaube ist ein Märchen. Bei den Christen ist es nicht anders als bei allen anderen Religionen: Religiöser Glaube ist Märchen. Das gehört in ein frühes Zeitalter der menschheitlichen Entwicklung. Die geistige Evolution bringt aber die Vernunft nach vorne und erkennt die Märchen als Märchen und lässt sie langsam in der Erinnerung zurück. Die Vernunft erkennt aber auch den wichtigen Kern der Märchen: das Verhalten der Menschen untereinander, die Ethik. Ist auch der märchenhafte Glaube aller Religionen unvereinbar, so ist aber ihre Ethik sehr wohl vergleichbar und bietet eine Chance der Annäherung. Zunächst aber gilt es, die Aggressionen der Religionen abzuwehren und ihnen ihre Aussichtslosigkeit klar zu machen.

Weltethos

Prof. Hans Küng hat die Glaubensinhalte der bedeutendsten Religionen untersucht. Jeder glaubt etwas anderes, glaubt aber in der Wahrheit zu sein und will also andere Menschen bekehren. Das ist aber fast aussichtslos. Prof. Küng empfiehlt stattdessen, die ethische Kraft der Religionen zu vereinen und ein Weltethos zu schaffen. Über den Glauben jedoch gibt es nach unserer Erfahrung nur Konflikte, Streit und sogar Kriege. Der langsame Untergang der Religionen würde eine Zeit des Friedens bringen.

Das Reich Gottes besteht aus den Ideen Jesu für das Heil des Menschen, für das Heil der Menschheit und den Menschen, die danach handeln. Diese Ideen sind aber auch richtig ohne Gott. An Gottesverehrung gab es genug zu Jesu Zeiten. Israel war eine Theokratie. Der Hohepriester hatte das Sagen. Der König war Nebensache. Mittelpunkt des Volkes war der Tempel mit vielen Priestern und Leviten. In Jesu Reich Gottes ging es um die Ethik. Das

Reich Gottes ist das Reich des Guten. Das Reich Gottes ist das Weltethos. Das Weltethos funktioniert am besten ohne Religionen. Das Weltethos ist die allumfassende, universale Ersatzreligion, die noch im Herzen der Menschen besser verankert werden muss. Jeder ist Mitwirkender am Reich des Guten, am Weltethos.

Zum irdischen Paradies

Für die Ursache des Urknalls müssen wir uns nach jemand anderem umsehen. Jedenfalls Gott und die Götter sind es nicht. Den Theologen und anderen Fantasten müssen wir diese Sache aus der Hand nehmen, sie sind dafür ungeeignet und nicht zuständig. Das ist allein Sache von Wissenschaft und Forschung. Und sie sind auf gutem Wege. Wir müssen Geduld haben.

Religion hat immer etwas mit Gott oder Göttern zu tun. Das tröstet manche Menschen. Ohne Gott und Götter keine Religion, aber auch keine religiöse Mördereien, Furcht, Zwang. Religiös gibt es nichts mehr zu glauben. Was christlicher Glaube ist, das steht im Glaubensbekenntnis, und das ist falsch. Wir verlassen die Theologen mit ihren dogmatisierten Unwahrheiten und wenden uns zu den Naturwissenschaftlern mit ihren zuverlässigeren Methoden: Gedankenkonstruktion, Computer, Experiment, Test in der Wirklichkeit, Bewährung, Kritik der Kollegen. Vertrauen nur bis zum Beweise des Gegenteils, Abschaffung des Falschen. Das ist kein Wissenswahn, kein Glaube.

Die zweitausendjährige gewaltige Intelligenzverschwendung zum Thema Gott und Transzendenz ist beendet. Natürlich sind da auch die großen Früchte der Theologie, sie hat Kultur geschaffen. Trümmer des Glaubens benutzt Eugen Drewermann in Philosophie, Psychologie und Lebenshilfe. In Spiritualität und Ideologie kann sich nun der Geist frei entfalten. Es gibt nur den Geist, der dem menschlichen Gehirn entstammt. Das Höchste ist immer die Wahrheit, die sich in Übereinstimmung mit der Wirklichkeit befindet.

Gott hat sein Ansehen endgültig verloren nachdem er es nicht vermochte, den gigantischen Wahnsinn des Holocaust aus den Hitler-Köpfen zu vertreiben. Aber schon vorher in den dunklen Zeiten der

Kirchengeschichte war Anlass, am Wirken Gottes zu zweifeln. Lissabon, Tsunami, Haiti, Fukushima, Auschwitz,.... Immer wenn Gott dringend gebraucht wird, ist er nicht da. Diese Reihe könnte man beliebig fortsetzen. Alle Menschen haben das in ihren Nöten erfahren. Und Gott steht immer noch unbeweglich am Urknall, wo man ihn voll Urvertrauen hingestellt hatte. Aber nun muss Schluss sein. Wir können uns nicht ewig auf der Nase herum tanzen lassen. Es ist zwar kaum zu fassen, aber wahr: Die zweitausendjährige Epoche des Gottesglaubens geht zu Ende und alle ihre Ausreden. Die unzähligen theologischen Bücher von der Bibel bis heute sind nicht wertlos. Die Theologen sollten retten was zu retten ist. Ihre vornehmste Aufgabe ist jetzt die spirituelle Motivation einer Ethik ohne Gott. Die Organisation und Gestaltung von ethischen Feiern. Die gewaltige christliche Kultur des Abendlandes wollen wir auch als Gottlose nicht verlieren.

Der Mensch kann sich einen geistigen Dom errichten mit Fantasie und allen Formen der Spiritualität und Ideologie, von der er sich ziehen lässt, in Freiheit, ohne Zwang für sich und andere, versehen mit vielen und vielfältigen kulturellen Verzierungen. Nur die Säulen der Ethik müssen unverrückbar fest stehen. Den Sinn seines Lebens muss jeder selbst finden. Das Glück wird sich nur in Wir-Kreisen finden: Ehe, Familie, Partnerschaft, Freunde, Verein, Gemeinde, Dorf, Stadt, Land, Volk. In kleineren und größeren Wir-Kreisen, tolerant und befreundet, wandern wir jahrhundertweise dem irdischen Paradies entgegen.

Der menschliche Geist hat von den Anfängen her eine enorme Entwicklung genommen. Schon die frühen Menschen leisteten geistige Beiträge, vorwiegend praktischer Art, die in das Allgemeinbesitztum der Menschheit übergingen, bewahrt wurden und sich ausbreiteten. Man entdeckte die Welt und suchte eine religiöse Überwelt. Es entstand eine vielfältige Welt des Geistes, zum Teil widersprüchlich und abwegig, am gefährlichsten die Menschen mordenden Ideologien. Aber da sind auf der anderen Seite die vielen positiven Errungenschaften, die sich durchgesetzt haben. Schauen wir einmal zurück auf die Lebensart der Steinzeitmenschen, vergleichen wir damit unsere moderne Lebensart. Trotz aller Rückschläge liegt dazwischen eine gewaltige positive Entwicklung, die allein dem menschlichen Geist zu verdanken ist. Eine Spur Gottes ist nicht zu erkennen, die Katastrophen sind es doch wohl auch nicht. Die Hochs und Tiefs in dieser Entwicklung sind typisch menschlich. Wenn man diesen zurückgelegten Entwicklungsweg weiter in die Zukunft hinein verfolgt, sieht man das Ziel vor Augen liegen. Es ist die Annäherung an ein menschengemachtes Paradies. Schon heute gibt es viele Menschen auf der Welt, die zufrieden sind, denen es gut geht. Der Weg bis hierher ist gepflastert mit Nobelpreisen. Die praktischen wie die spirituellen Wissenschaften, Elektroniker und Ingenieure können von ihrem Drang nach Fortschritt nicht ablassen. Das himmlische Paradies ist Illusion, das irdische Paradies ist machbar. Der größte Entwicklungsschub aber in der Menschheitsgeschichte nach all diesen furchtbaren Kriegen ist der freundschaftliche und mit Sicherheit dauerhafte Zusammenschluss der europäischen Völker.

Auf dem Weg zum irdischen Paradies gibt es natürlich immer Rückschritte und Hemmnisse, die wir überwinden müssen, z.B.: Selbstsichere Religionen, die Druck auf andere ausüben, unbegrenztes Vertrauen auf Gott und Götter, alles ist Kismet, die fatale Dummheit der Kriege, die Unterdrückung der Frauen, deren großen Beitrag ihrer Intelligenz wir brauchen. Trotz aller Widrigkeiten wird die Menschheit den Weg zum irdischen (fast)-Paradies langsam aber sicher weiter gehen. Hauptsorge muss allerdings die Ethik sein, denn sie hat die schwächste Lobby. Am Ende aber ist die Ethik auch immer die klügste Lösung. Die Ethik wird sich in immer weiteren Kreisen ausbreiten bis es ein Weltethos gibt. Für viele Menschen könnte das der Sinn des Lebens sein, um den alle Spiritualität kreist.

Der Weg der gemeinsamen Völkerwanderung zum irdischen Paradies ist Frieden, ist Versöhnung (darin das Wort Söhne), ist Brüderlichkeit (darin das Wort Brüder). Der Weg des Rückschritts und der Dummheit heißt Radikalismus, Provokation, Kampf, Gewalttätigkeit, Krieg, Dschihad.

Es ist die Pflicht der Zufriedenen, den Unzufriedenen zu helfen, im eigenen Lande, aber auch von Volk zu Volk, damit jeder sein Auskommen hat und in seiner Heimat bleiben kann und nicht zu den Zufriedeneren auswandern muss. Das würde auch deren Heimat stören durch fremdes Aussehen, fremde Lebensart. Das Heimatgefühl gehört bei allen Menschen zum Glücklichsein. Und das ist kein Rassismus.

Das christliche Ethische Zentrum

Die alte Feindschaft zwischen der protestantischen und der katholischen Kirche gibt es nicht mehr. Die Theologen der beiden Kirchen bemühen sich intensiv, ihren Kirchenglauben einander anzugleichen, damit auch die offiziellen Kirchenleitungen eine Wiedervereinigung oder wenigstens eine Versöhnung anstreben können. Alle Anstrengungen werden aber überflüssig, wenn der christliche Gottesglaube bei den Menschen immer mehr schwindet, weil sie ihn für unglaubwürdig halten. Ein Gegengewicht bildet die christliche Ethik. Ist Jesus nicht Gott, dann ist er auf jeden Fall der große Ethikmeister aller Christen. Darüber können sich alle Kirchen verständigen. Auch alle Religionen der Welt kommen sich in der Ethik näher. Die Ethik ist der Weg, den die Menschheitsentwicklung nehmen muss.

Wie könnte der Weg der Christen aussehen? Das Ethische Zentrum!

Ein Gott, der alles sieht, das Gute belohnt, das Böse bestraft, ist ein guter Hüter der Ethik. Aber das Märchenalter der Menschheit geht allmählich zu Ende. Wir müssen die Vaterhand loslassen und erwachsen werden. Nachdem der christliche Glaube verloren geht, soll die Ethik Jesu bewahrt und gefordert werden, am besten in einem System, das möglichst viele Menschen einigt, nicht notwendig unter Verzicht auf Religion, aber als Rückzugsgebiet der Religionen, als ein ökumenischer Kirchenersatz, einen Ort wo man die alten Glaubensbrüder und -schwestern wiedertrifft, die ihren Glauben verloren aber ihren guten Willen bewahrt haben. Nennen wir diesen Ort: Ethisches Zentrum, abgekürzt EZ.

Das EZ erhält einen Platz in einem der kirchlichen Gemeindezentren der Stadt. Es ist interkonfessionell, politisch neutral, offen für alle. Es ist ideologisch, organisatorisch und praktisch aktiv. Es ist ökumenisches Eigentum der Kirchen. Im EZ haben die Caritas und die Diakonie und andere Wohltätigkeitsgruppen ihren Platz. Auch die Seelsorge muss vertreten sein. Das Ethische Zentrum (EZ) wirkt nicht nur in der Nähe, es wirkt auch in die Ferne. Es koordiniert die kirchliche Entwicklungshilfe der einzelnen Gemeinden und ist ihr Motor.

Kommunale Entwicklungshilfe

Es versucht hartnäckig, eine kommunale Entwicklungshilfe zu etablieren. Schwerpunkt Afrika. Es ist zwar schön und gut, auch teilweise teuer, dass die europäischen Staaten Städtepartnerschaften pflegen. Nun ist es aber an der Zeit, auch Partnerschaften mit afrikanischen Kommunen zu übernehmen. Daraus ließe sich eine Entwicklungshilfe entwickeln, die sehr effektiv ist, weil sie auch menschlicher ist. Es würde sich lohnen, dafür auch Gesetze zu ändern. Es gibt kirchliche Gemeinden, die Partnerschaften mit afrikanischen Gemeinden haben. Da fließen jedes Jahr einige Tausend Euros, nur von Kirchgängern. (siehe Seite 71). Und wo bleibt der Hilfs- und Spendenwille der übrigen Bürger? Die städtische Gemeinde übernimmt von einer kirchlichen Gemeinde eine bereits funktionierende afrikanische Partnerschaft und ergänzt sie mit einer Partnerschaft von Kommune zu Kommune. Auf jeden Fall eine feste Position im städtischen Etat, wenn auch zunächst nur geringfügig. Ein Prozentsatz von dem, was wir uns selbst genehmigen, geht zur afrikanischen Partnerkommune. Städtische Haussammlungen, Entsendung von Ausbildern, Handwerkern, Lehrern, (arbeitslosen) Hilfskräften, gegenseitige Besuche, familiäre Kontakte. Oberste Koordination der kommunalen Entwicklungshilfe hat das Entwicklungsministerium. (Afrikadienst als Alternative zum Bundeswehrdienst. Nicht „Ausländer raus" sondern „Raus zu den Ausländern". Abenteuer positiv.)
Diese kommunale Hilfe ist sehr effektiv, weil sie unmittelbar zu bekannten Freunden geht. Unsere christliche Teilungsbereitschaft hat eine schöne Möglichkeit. Und unser Beitrag bleibt im Blick und versickert nicht in der Korruption.

Die parteilose Partei (OPP)

Die Ethischen Zentren pflegen Kontakte untereinander. Zusammen bilden sie im europäischen Rahmen eine parteilose Partei mit dem Namen „Option für die Armen", europäisch „Option pour les poors" oder „Organisation Pater Pierre", abgekürzt OPP. Die OPP kümmert sich ausschließlich um den unteren Rand der Gesellschaft. Sie beobachtet ständig die Politik der gerade herrschenden Regierung, regional oder größer, wie sie sich auf den Lebensstandard der ärmeren Bevölkerung auswirkt. Die OPP übt Kritik, vergleicht örtlich, überörtlich, überstaatlich. Die eigentliche politische Arbeit bleibt aber bei den demokratisch gewählten Parteien und ihren schwierigen Bemühungen. Die OPP spricht aber auf der einen Seite mit den Armen, auf der andere Seite spricht sie mit den Unternehmern, Politikern und den Banken. Der Kapitalismus kann wahrscheinlich nicht auf die Frage verzichten „Wie kann ich meinen Profit vermehren?" Immer dringlicher und im eigenen Interesse muss sich der Kapitalismus aber die Frage stellen „Wie kann ich die Armut der Menschen verringern?" Es kann nicht mehr lange gut gehen, dass die Reichen immer reicher und die Armen immer ärmer werden. Die OPP findet Notfälle und organisiert Betreuung.

Die OPP managed das Ethische Zentrum und kümmert sich um Zusammenarbeit mit der Kommunalen Entwicklungshilfe, mit Caritas und Diakonie. Sie kann allgemeine ideale Vorstellungen entwickeln, etwa soziale Gerechtigkeit, die Einkommenstufen dürfen nicht allzu unterschiedlich sein, die oberste Stufe muss gedeckt werden zu Gunsten der Erwerbsunfähigen. Nachdenken über bessere Sozialsysteme. Das soziale Programm der Partei „Die Linke" müsste wissenschaftlich überprüft werden. Die OPP stellt Vergleiche an mit anderen Ländern und Kommunen und kann dadurch positiv kritisierend und anregend wirken. Sie bildet ein Netzwerk. Die OPP könnte eine starke europäische Kraft werden.

Ethische Feiern

Das EZ ist bereits eine Frucht der Versöhnung zwischen Konfessionen. Aber auch zu anderen Religionen werden Verbindungen gepflegt, besonders zu Personen und Organisationen, die ebenfalls in der Ethik tätig sind. Wichtig ist die Zusammenarbeit mit der Stiftung Weltethos von Professor Hans Küng. Er schreibt: „Kein Frieden unter den Nationen ohne Friede unter den Religionen. Kein Friede unter den

Religionen ohne Dialog zwischen den Religionen. Kein Dialog zwischen den Religionen ohne globale ethische Maßstäbe. Kein Überleben unseres Globus ohne ein globales Ethos, ein Weltethos." In vielen Büchern, Filmen, internationalen Konferenzen hat sich Hans Küng bei den Religionen um ein Weltethos bemüht. Einbezogen in das Weltethos hat er auch die internationale Wirtschaft in Bezug auf die ärmeren Länder und ihre Arbeitsbedingungen. Er hat die internationale Wirtschaft hingewiesen auf ihre Verantwortung für den Weltfrieden. Hans Küng hat sich so sehr um ein Weltethos verdient gemacht, dass man an den Friedensnobelpreis denken sollte.

Das Ethische Zentrum veranstaltet regelmäßig Ethische Feiern. Keine unaussprechbar gewordenen Glaubensbekenntnisse. Streng unkonfessionell, aber nicht konfessionsfeindlich. Ethische Texte aus aller Welt, aus dem Judentum, aus dem Alten Testament, aus dem Neuen Testament, aus dem Koran, aus Asien. Internationale Musik, Lieder, Tänze, Spiele, Theater (Konfliktlösung gewaltfrei), Vorträge, Diskussionen, Berichte und Gäste aus aller Welt. Das Logo des Ethischen Zentrums und der OPP-Partei sei das einfache Kreuz mit den stark gebogenen Regenbogenfarben dahinter. Bei Protesten gegen Gewalt kann es auch der Kruzifixus sein mit dem gekreuzigten Jesus.

Grundsätze: Die vier internationalen Säulen der Ethik

Liebe das Gute mit ganzem Herzen und mit allen deinen Kräften!

Liebe deinen Nächsten wie dich selbst!

Liebe dein nächstes Volk wie dein eigenes!

Liebe deine nächste Religion wie deine eigene, auch wenn du selber keine mehr hast!

**Partnerschaftsausschuss
St. Paul - Kumasi (Ghana)
St. Johannes der Täufer - Meckenheim**

Partnerschaftsausschuss Kumasi - Meckenheim
Dr. Ernst Schmied * Auf den Koeppen 26 * D-53340 Meckenheim

**Freundeskreis
der Gemeindepartnerschaft
Kumasi/Ghana-Meckenheim**

Vorstand

Anne Rehbein
Tel. +49 2225 6361

Hildegard Restle
Tel. +49 2225 3460

Dr. Ernst Schmied
(Sprecher)
Auf den Koeppen 26
D-53340 Meckenheim
Tel.: +49 2225 7046842
E-Mail: ernst.schmied@gmx.net

Januar 2012

Sehr geehrte Damen und Herren,
Liebe Förderinnen und Förderer der Gemeindepartnerschaft,

im Rückblick auf das Jubiläumsjahr zum 25-jährigen Bestehen unserer Partnerschaft 2011 ist es uns zunächst ein Bedürfnis, allen Mitwirkenden, Spendern und Betern für Ihre Verbundenheit zu diesem Anlass zu danken! Unserem Pfarrverweser Dr. Reinhold Malcherek und dem Pastoralteam des Seelsorgebereichs Meckenheim gebührt für die außerordentliche Unterstützung besonderer Dank. Dies gilt auch für Herrn Bürgermeister Bert Spilles und die Stadt Meckenheim.

Von insgesamt € 15.377,76 , die für Projekte eingesetzt werden konnten, waren € 5.950 für den Ausbildungsfonds sowie € 2.100 für Reparatur-Arbeiten im Vocational Institute die größten Einzelpositionen neben den Reisekosten für unsere Gäste aus Ghana, z. T. von unseren Mitgliedern und Gastgebern mitgetragen. Zum zweiten Mal nach 2010 fand an Silvester 2011 die Aktion „TEMPO für Ghana" mit dem Verkauf von Papiertaschentüchern zugunsten der CARITAS in St. Paul's statt. Erfreuliche Spenden von € 735 (Vorjahr € 625) werden wieder zur Begleichung von Medikamenten-, Arzt- und Krankenhauskosten eingesetzt und die Zuwendungen namentlich nachgewiesen.

Für das Jahr 2012 wurden zunächst € 5.000 für den Ausbildungsfonds bewilligt, während wegen des beträchtlichen Bedarfs an Ausstattung im Vocational Institute (Kühlschränke, Ofen u. Kochgeräte), an Beschaffung für (neue) Bibliothek, sowie ergänzender Ausrüstung des Computer-Raums noch keine Entscheidung getroffen werden konnte.
Erneut plant die Ghana-Partnerschaft in Zusammenarbeit mit dem Katholischen Bildungswerk Trommelkurse und Vortragsabende, deren besondere Beachtung wir ihnen empfehlen.
Zwei konkrete Anliegen:
Besonders bei Veranstaltungen sind wir auf die zuverlässige Hilfe unserer Mitglieder angewiesen. Um diese Aktivitäten abzusichern, laden wir Sie herzlich zur Mitgliedschaft ein. Zudem würde eine größere Zahl von Dauer-Spenden bzw. -Spendern die Planung unserer Projektarbeit sehr erleichtern.

Mit besten Wünschen für das Jahr 2012 und freundlichen Grüßen

Ernst Schmied

Spendenkonto: Kath. Kirchengemeinde St. Johannes d. Täufer, Raiffeisenbank Rheinbach, BLZ 370 696 27, Kt. 1002598023